Martin Agricola

Musica instrumentalis deutsch

1. und 4. Ausg., Wittemberg 1528 und 1545

Martin Agricola

Musica instrumentalis deutsch
1. und 4. Ausg., Wittemberg 1528 und 1545

ISBN/EAN: 9783744628983

Hergestellt in Europa, USA, Kanada, Australien, Japan

Cover: Foto ©Thomas Meinert / pixelio.de

Weitere Bücher finden Sie auf **www.hansebooks.com**

Martin Agricola.

PUBLIKATION

ÄLTERER PRAKTISCHER UND THEORETISCHER

MUSIK-WERKE

UNTER PROTEKTION

SR. KGL. HOHEIT DES PRINZEN GEORG VON PREUSSEN

HERAUSGEGEBEN

VON DER

GESELLSCHAFT FÜR MUSIKFORSCHUNG.

JAHRGANG 24. BAND 20.

LEIPZIG,
BREITKOPF & HÄRTEL.
1896.

Martin Agricola.

Musica instrumentalis deudsch,

Erste und vierte Ausgabe.

Wittemberg
1528 und 1545.

———

In neuer diplomatisch genauer, zum Teil
facsimilierter Ausgabe.

—⟨❧⟩—

Leipzig,
Breitkopf & Härtel.
1896.

Preis 10 M.

Musica instru=
mētalis deudsch
ynn welcher begrif=
fen ist / wie man

nach dem gesange auff mancherley
Pfeiffen lernen sol / Auch wie auff
die Orgel / Harffen / Lauten / Gei=
gen / vnd allerley Instrument vnd
Seytenspiel / nach der recht=
gegründten Tabelthur
sey abzusetzen.

Mart. Agricola.

Den lesern gnad vnd fried von Gott.

ICH hab zuuor auch eine Deudsche Musica / durch den druck lassen ausgehen / darynnen der Jugent / ein kurtze weise vnd form / leichtlich singen zu lernen / deudlich vnnd einfeltig furgeschrieben / Denn es mus doch ia also sein / vnd ist ynn der warheit hoch von nötten / das die iugent so erstlich zu lernen anfehet / nicht mit viel vergeblichen worten vnd regeln / vberschüttet vnd abgeschrecket werde / sondern durch kurtzen klaren vnterricht vnd anleytung der kunst vleissig vnterweiset / zum studiern gelocket vnd gereytzet werde. Denn gleich wie einem Jungen kinde / das sol essen lernen / erstlich nicht allerley / nicht viel / nicht starcke speisse dienet / sondern / mus yhm weyche waysene müser einstreichen / vnd ein wenig Ayer preylen einkeühen / damit es lerne essen

2

essen vnd der speyse gewohne. Also wil es
auch zugehen vnd anderst nicht / mit denen / die erstlich anfahen etwas zu lernen / es
sey auch gleich ynn welcher kunst es wolle /
das man yhn die Prima elementa / das fundament / den rechten grund vnd kern der
kunst / auffs kürtzest vnd leichtest furlege vnd
das selbige wol lernen lasse. Dem nach / hab
ich das ander stück der Musica / welchs
man heist Musicam Jnstrumentalem / die da
lernet auff allerley Jnstrumenten / Orgeln /
Lauten / Harffen / Geygen / Pfeyffen vnd der
gleichen / spilen / nach dem mir Gott gnade
verliehen / auch auffs kurtzest vnd eynfelti-
gest / deudsch ynn ein buchlein sampt yhrer
rechten art vnd tabulathur gebracht / der iugent vnd allen andern auch leyen vnd vnge-
lerten / die nur lesen künnen / solcher edelen
kunst liebhabern / zu grossem nutz vnd fromen / aus hertzlicher Christlicher lieb vnd
freundlicher meynung / die wir alle vnter-
einander schüldig / ynn druck gegeben. Hab
aber das aus sonderlicher vrsach ynn deudsche Reymen vnd Rithmos verfasset / auff

A ij   das

3

das die iugent vnd andere / so ynn dieser kunst
studieren wöllen / deste leichtlicher begreiffen / vnd lenger behalten mügen. Denn die
erfarung gibts / das feine sprüche vnd Sprich
wörter die sich reymen / viel leichtlicher verstanden werden / vnd lenger ynn frischem ge-
dechtnis bleiben denn andere / die sonst schlechter weise one Reymen / gered werden / So
aber etliche befunden / denen solche vrsach
nicht gnugsam geachtet / odder sonst anderer vrsach halben / dis Büchlein nicht gefallen würde / wil ich die selbigen freundlich vnd
vleissig gebeten haben / sie wöllen meinen
hertzlichen gutten willen vnd meynung / der
armen iugent / ynn dieser löblichen kunst redt-
lich vnd nützlich zu sein / Christlichen anse-
hen / vnd mir meinen gethanen vleis (wie
denn billich) zum besten auslegen / vnd an
den spruch gedenken / Es ist ein ding
leichtlich zu versprechen / aber
seer schwerlich besser
zu machen.

Mart. Agric.

Georgio Rhaw buchdrü=
cker zu Wittemberg
wündsch ich Mart.
Agricola /
Gnad vnd fried von Gott.

Reundlicher lieber herr
Jörg / Dieweil ich ynn
meinem erſten Büchlein
der deudſchen Muſica /
euch zugeſchrieben / mich
verwilliget vnd verheiſ=
ſen / auch eine Inſtru=
mentaliſche Muſicam /
euch zuſchicken / vnd durch ewern druck
laſſen ausgehen / Acht ichs nicht allein fur
billich vnd recht / ſondern auch fur nöttig /
meiner zuſagung vnd verheiſſung / genug
zuthun. Erſtlich derhalben / das ich nicht
als ein vnman / der viel gered vnd wenig
helt / von euch möchtet geſcholden werden.
Zum andern / dieweil yhr viel / ſolcher kunſt
hochberümpten vnd wolerfarnen / Aber

A iij   gar

gar wenig / die der Jugent vnd yhrem ne=
hiſten zu gut / aus brüderlicher Chriſtlicher
lieb vnd billickeit / ſolche edele kunſt gedöch-
ten herfür an tag zubringen / oder ynn druck
zugeben / vnd hab leyder ſorg (wie ich denn
etlich mal erfaren) Es geſchehe allein aus
neid vnd haſs / aus abgünſtigem willen vnd
hoffartigem hertzen / auff das ſie allein den
rhum vnd die ehre bey aller welt haben
möchten / vnd als die etwas ſonderlichs
fur andern künnen / allein berümpt vnd gros
geachtet werden. Derhalben ſie auch ſagen /
Man mus kunſt halten das kunſt bleibt. Es
hat fur der welt wol ein ſchein vnd ein fein
anſehen / das man ſich alſo ausredet / Aber
fur Gott iſt es warlich vnchriſtlich / ia gantz
Heydeniſch gered / wil auch geren ſehen wie
ſie am Jüngſten tage beſtehen wöllen / wenn
Gott zu yhnen ſagen wird / Jch hab euch be=
gnadet mit groſſer kunſt / mit ſonderlichem
verſtand vnd mit güttern vberſchütet / auff
das yhr ewrem nehiſten damit dienet vnd
die ſelbigen mitteylet / Yhr aber / habt ſie
allein für euch behalten zu ewrem wolluſt /
ehre vnd

vnd hoffart gebraucht. Da werden sie denn
wol sehen / was fur ein entschüldigung vnd
ausrede das sein wird / Man mus kunst hal=
ten / das kunst bleibt. Auff das ich aber /
solcher kunst hochberümpten vnd gros ver=
stendigen (dieweil man mich auch fur ein
kleynen Musicum vnd solcher kunst geüb=
ten / wiewol vnwirdig / achtet) nun zum
andernmal ein Christlich Exempel vnd
ebenbilde / der iugent zuhelffen / furstellet /
vnd euch lieber herr Jorg / meiner gethanen
zusagung genug thete / Vberschicke ich euch
die selbigen Instrumentalem Musicam /
sampt den Instrumenten mancherley newe
art vnd tabulathur / freundlich bittende ewer
lieb vnd gunst wolle sie (wie die vorige) vn=
ter ewern schutz vnd schirm zudanck anne=
men. Erstlich / sie mit sorg vnd vleis ynn
ewer drückerey auffs beste / lassen ausge=
hen / Darnach fur den vnsletigen schentli=
chen / hessigen affterkösern / getrewlichen
helffen vorfechten / beschützen vnd hand=
haben. Geben zu Magdeburg / am
tage Bartholomei. 1528.

Mart. Agric.

Von der beschreibung

der Instrumentischen Musica / vnd
ynn wie mancherley geschlecht sie ge=
teylet wird / Vnd waserley art /
yglichs geschlecht ynn
sich beschleust.

Das Erste Capitel.

DIsser Musica beschreibung ist dy
   Wie ich kürtzlich wil zeigen alhy.
Es ist eine kunst / die ons thut füren
Wie wir die Instrument solln anrüren;
Vnd der gebrauchen mit behendickeit /
Wie von etlichen hie geschrieben steht.
   Sie wird geteylt ynn dreierley geschlecht
Wie ich dich ytzt wil vnterrichten recht.

Das erste geschlecht der

Musicalischen Instrument / welche
alleine durch den wind (dieweil
sie hole rören haben) lau=
tend gemacht / vnd ge=
blasen werden.

DIs erste geschlecht disser Instrument
   Wird gemacht mit holen rören behent.
Vnd durch den wind geblasen gantz künstlich
Welchs zweyerlei art ist / als es dünckt mich.

Das Erſte geſchlecht. v.

Etliche werden durch des menſchen wind
Geblaſen / als ſie yķt gebrauchlich ſind.
Vnd werden auch zweyerley art geſport
Etliche mit finger löchern gebort.
Durch welche der laut vnd die Melodey
Wird geleytet vnd abgemeſſen frey.
Als ſind / Flöten / Zincken / Bomhart / Schalmeyn
Kromhörner / Querpfeiffen / ynn der gemeyn.
Schwegel / klein Flöt / Platerſpiel / Sackpfeiffen
Mus man all durch fingerlöcher greiffen.
Zigen hörner / Rüſpfeiff nicht vergeſſen
Denn ſie werden diſſen gleich gemeſſen.
Von den wil ich etlich erwelen
Vnd von yhn (wie folgt) ein ler erzelen.

Wie eine pfeiffe erſtlich ynn die
hende wird genomen.

NIm die pfeiffe zum aller erſten mal
    Ynn beyde hend / vnd ſolt haben die wal.
Welche hand du wilt / ſolt oben halden
Die ander ſol allzeit vnten walden.
Vnd ſtell yglichen finger an ſein ort
Auffs loch / wie ſichs ynn der ordnung gehort.
Vnd das der klein an der vnterſten hand
Ym anfang der erſte werde genand.
Die andern wie ſie nacheinander gan
Vnd vnden mit ziffern gezeygnet ſtan.
Auch das vngegriffne loch daneben
Soltu alzeit mit wachſe zukleyben.
Vnd halts wie es folgend wird verzalt
So gibſtu dem pfeiffen ein recht geſtalt.

A 5

Das erste geschlecht

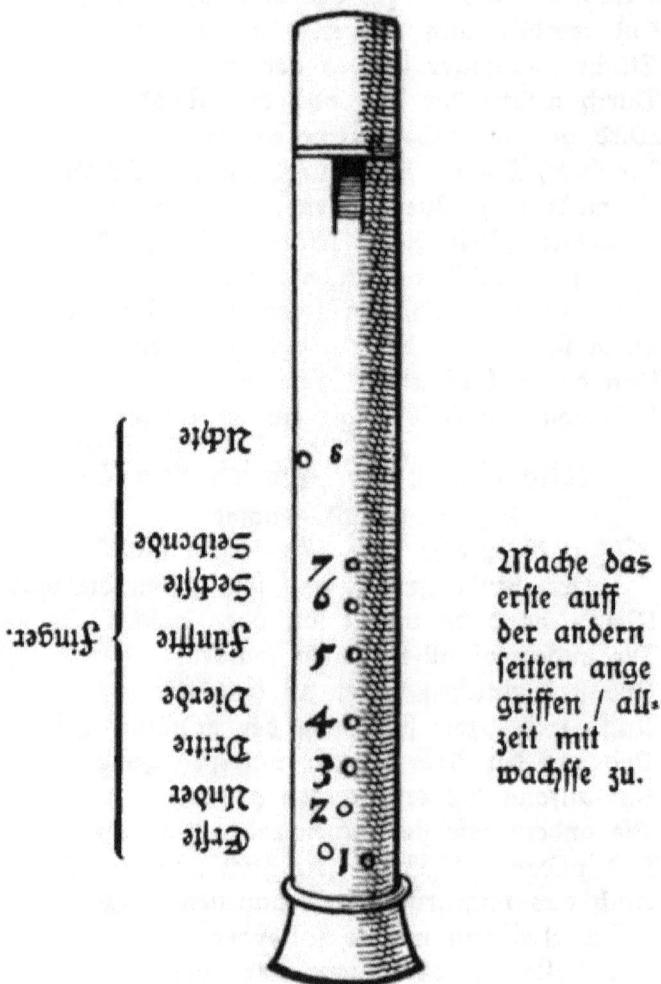

Achte

Siebende
Sechste
Fünffte
Vierde
Dritte
Ander
Erste

Finger.

Mache das erste auff der andern seitten ange griffen / all zeit mit wachsse zu.

Ein ſchön vnd recht ge=
gründ fundament / recht nach dem ge
ſange vnd den Noten zu lernen / auff
flöten / Kromphörnern / Zincken /
Bomhart / Schalmeyen / Sackpfeif=
fen / Vnd wie die recht zugreiffen ſind.

Wiltu ein recht fundament begreiffen
    Auff flöten / Kromhörner / künſtlich pfeiffen.
Vnd auff Zincken / Bomhart / Schalmeyn mit liſt
So mercke das volgend zu aller friſt.
    Wiltu ein recht fundament vberkomen
So bringt dir der geſang groſſen fromen.
Auff den Inſtrumenten geths alſo zu
Wer den gſang verſteth der mag mit rw:
Vnn einem halben Quartal (wenn er vleis thut)
Mehr faſſen vnd lernen ynn ſeinem mvt.
Als einer des geſangs vnerfaren
Vnn eim halben iar mag erſparen.
Denn die Muſica iſt das fundament
Daraus her fliſſen alle Inſtrument.
Darümb ſchepfft ewren grund aus dieſer kunſt
So werdet yhr erlangen groſſe gunſt.
Vnd vbt euch vleiſſig auff beyden teylen
So möcht yhr allerley künſt ereylen.
Denn es iſt nichts ſo ſchwer auff der erden
Das nicht mit vleis erlanget mag werden.
Nu weiter ſage ich / vnd thu euch kund
Die art dieſer figurn zu aller ſtund.
                    Welche

Das Erste geschlecht

Welche den brauch der pfeiffen zeiget schlecht
Vnd die finger zu applizieren recht.

            Zum ersten mustu gantz vleissig verstan

•⊙ 1 2 3 4 5   Was die Ciffern vnd Zirckel zeygen an.

6 7 8 8 •   Der volle ring alle löcher zu thut

Bass. Ff.   Bedeut ynn Bass Ff. vndrem Γ ut.

Te. Cfa.   Ym Tenor Cfaut / g ym Discant

Dif. gsol.   Merck vleissig auff / vnd halts nicht für ein tant.

⊙   Der offne alle löcher auffgethan
       Blas gleichwohl ynn die Pfeiff an abelan.

Bass. Gsol.   So hastu ym Bass. G / Vnd d / ym Tenor

Te. dla.   Auch aa / ym Discant / das glaub vorwar.

Dif. aala.   Die geschrieben ziffern halt auch ynn acht
       Denn an yhn ligt (sag ich) auch grosse macht
       Ein ygliche bedeut ein finger zwar
       Der von seim loche ist gehaben gar.
       1 den ersten / 2 den andern / zeygt an
       Wie die figur ausweist für yderman.
       Ynn eym Exempel ich dich lernen wil
       Die andern zuuerstehen zu allem zil.

8 4 3 2 1   On eyn auff der obersten steht also /
       Bedeut ynn der figur vnd anderswo.
       Den ersten · andern / dritten / vierden gar
       Auch den achten halb vom loch gethan zwar.

Bass. Csol.   Disser griff / gibt Csol / einem Bassant /

Te. gsol.   Das g / ym Tenor / dd ym Discant.

Dif. ddla.   Welchs aus den gemalten henden vnd Pfeiffen
       Wie folget / leichtlich ist zu begreiffen.
       Also vorste die Ciffern allzumal
       Vnden / oben / mitten / vnd vberal
       Auch wiltu das pfeiffenwerk recht treiben
       So las die andern finger zu bleiben.

Welche durch ziffern nicht gezeychent ſein
Alſo laut denn die Pfeiffe recht vnd fein.
Auch wenn du die finger auff wilt heben
So las ſie ober den löchern ſchweben.
Ein yglicher bey ſeim loch bleiben ſal
So gewint er nicht einen falſchen fal.
Die tittelten buchſtaben alſo verſta
Durch die wird erkant Muſica ficta.   Cis
Cis fa ym d / dis fa ym e / begert   dis
Ffis ym G fa , gis fa ym a / vns lert.   fis
Wie denn ſichtlich vnd clar wird erfunden   gis
Ynn figuren geſchrieben darunden.
Zum letzten ſoltu vleiſſig drauff lauren
Das du nicht pfeiff nicht bleſt wie die Pauren.
Mit der zung alle noten applizir
Es gehen auff ein ſchlag acht odder vier.
Von den Mordanten ich nicht ſagen wil
Wiewol ſie den geſang machen ſubtil.
Wiltu ſie oben ynn dieſen wercken
So magſtu ſie von einem Pfeiffer mercken.
Ich wils itzund alſo laſſen bleiben
Vnd auff dismal nicht mehr dauon ſchreyben.
Denn der Text / vnd volgende figuren
Mügen yderman leyten vnd füren.
Wie er künſtlich / vnde mit kurtzer friſt
Mag recht begreyffen mit behender liſt.
Auff den pfeiffen wie oben genand
Er hette denn gar ein groben verſtand.

Item

Das erste geschlecht

Item Zincken / Kromhörner / Flöten auch
Haben mit dem greiffen einerley brauch
Die Sackpfeiffen auch dazu gehören
Vnd ander die man den gleich thut spören.

Von den
Krom-
hörner.

Die Kromhörner aber nicht höher gan
Denn die acht löcher werden auffgethan.
Darümb aller gesang sich drauff nicht zimpt
Der sich auff flöten vnd gros pfeiffen stimpt.
Derhalben werd ich gelegenheit sehn
So wil ichs (ists müglich) lassen geschen.
Vnd zu yglichen pfeiffen gsang machen
Auff das man spots halben nicht darff lachen.
Denn wenn flöten gsang wird gepfiffen
Auff Kromhörnern / vnd vnrecht gegriffen.
Wie sichs denn durchs Mutirn offt begibet
Vnd viel vitia werden geübet.
Aus welchem offt (wenn sichs nicht stimmet recht)
Viel spot widerfert manchem armen knecht.
Darümb pfeiff du recht nach füglicher art
Du wirst doch wol gespeyt zu mancher fart.

Alte ta
belthur
auff die
pfeiffen

Item es sind etliche gewesen
Die haben Ciffern zuhauff gelesen.
Vnd auff pfeiffen ein Tabelthur gemacht
Welchs auch fur ein kökelwerck wird geacht.
Darauff wil ich mein meynung auch sagen
Kan es ymand leiden vnd ertragen.
Wiltu ia (auff die gesagten pfeiffen
Vnd ander / da man ein stim thut greiffen)
Etwas aus dem gsang Tabuliren
So rat ich / das du die art thust füren.

Wie

Wie vnden von den Geigen wird berürth
So kanstu nicht leichtlich werden verfürt.
Aber viel besser ists vnd gantz behent
Das solche einstimmige Instrument
Nach des gesangs Noten werden geübt
So wird nimands erbeit halben betrübt.
Den solt ich ein ding absetzen an not
So würd ich werden verdrossen gar drot.
Darumb ists gar viel leichter zu pfeiffen
Vnd eine stim / noch den Noten greiffen.
Als noch der Tabelthur zu spilen
Du must allein noch der vbung zilen.
Ja möchstu sprechen / das ist mir zu schwer
Kenn ich doch keine noten gantz vnd gar.
Ja lieber gesel / vbung brengt kunst
Wo diese gebricht / da ists gar vmb sunst.
Diese lere soltu von mir haben
Weistus besser / so magstu hin draben.

Cap. ix.

Als / allerley pfeiffen vnd geygen.

Folget das rechte Fundament der gesagten Pfeiffen / ynn dreyen figuren / gantz meysterlich begriffen . ∴

Von dem Erſten geſchlecht

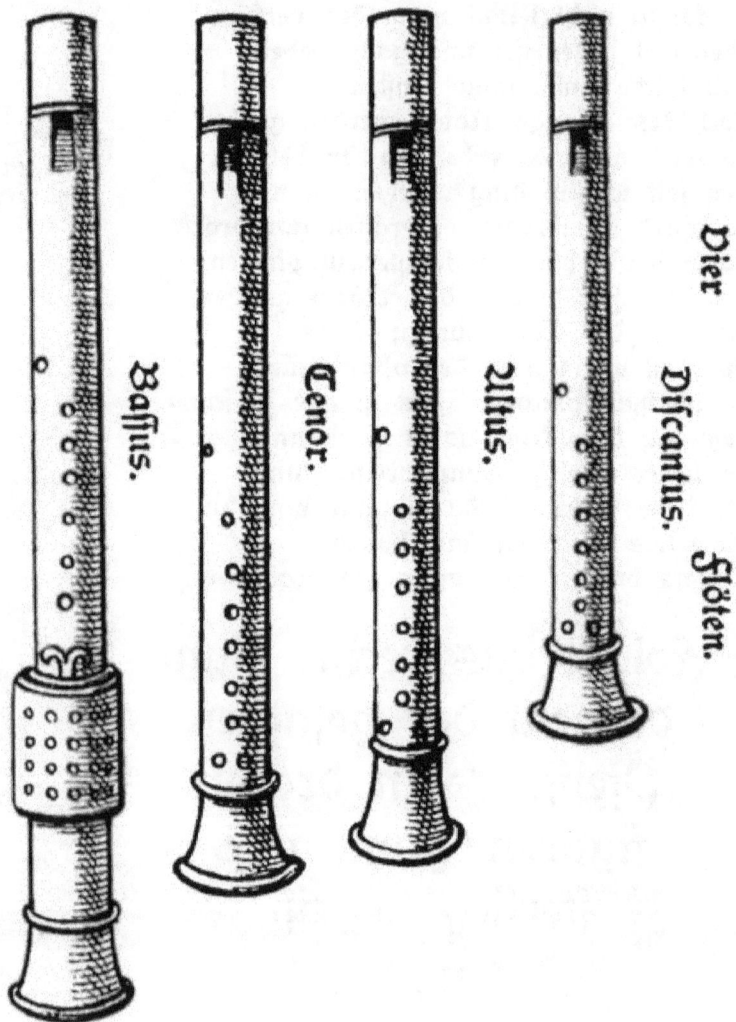

Vier

Diſcantus. Flöten.

Altus.

Tenor.

Baſſus.

♭5321	cɔ fa ♯		d	♭54321	sol
C			e	♭431	fa
♭31	b fa ♯		♮	♭321	mi
♭71	Ge fa ♯		a	♭21	re
			G.	☉ all auff	sol
♯			F	7541321	fa
64321	De fa		E	654321	mi
5321	Ce fa ♯		D	54321	re
			C	4321	fa
31	B fa ♯		♯	321	mi
z	Ge fa ♯		A	z1	re
Γ	effe fa ♯		Γ	1	sol
			♯ff	● all zu	fa
			E	321	mi
			D	z1	re
Die kromp: hörner			C	1	sol
			B	● all zu	fa

Der kromp hörner zil.

Bassus

Der flö ten zil yn die tieffe.

Blas meh: lich.

Bassus. csol.

B

Tenor. Altus

Der tromphör-
ner ziel

					ff	☼ 6 5 4 3 z 1	fa
8 5 3 z 1	& fa	ee	8 5 4 3 z 1	mi
dd	8 4 z 1	e fa	dd	8 4 3 z 1	re
			cc	8 3 z 1	fa
8 7 1	bb fa		8 z 1	8 z 1
Schalmey 7 re	aa	⊙ all auff	re
g	6 5 4 3 z 1	ff fa	g	7 5 4 3 z 1	sol
			f	6 4 3 z 1	fa
5 3 z 1	de fa	e	5 4 3 z 1	mi
4 z 1	c fa	d	4 3 z 1	re
c	3 1	fa
z	b fa	z 1	mi
ɣ	G fa	a	1	re
G	● all zu	vt

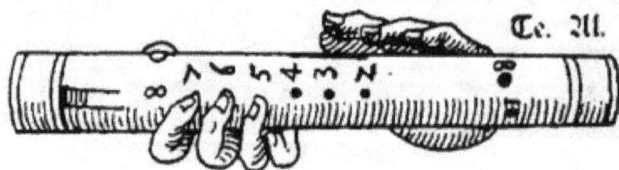

Te. Al. gsol

18

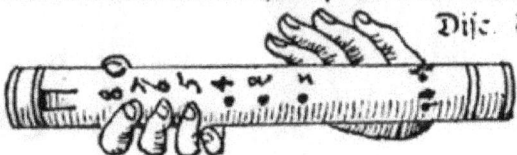

♭64 z	bb	fa ï	♮	♭65 4 3 z1	mi	
♭5 3 z1	ge	fa ï	aa	♭5 4 3 z1	re	
♭4 z1	℞	fa ï	g	♭4 3 z1	sol	
			f	♭3 1	fa	
871	de	fa ï	e	♭z 1	mi	
Auff dē Boßart, 7		re	d	☉ all auffe		
			e	7 5 4 z1	fa	
643z1	b	fa ï	♮	654 3 z1	mi	
5 3 z1	Ge	fa ï	a	5 4 3 z1	re	
4 z1	℞	fa ï	G	4 3 z 1	sol	
			F	3 1	fa	
z	De	fa ï	E	z 1	mi	
♄	Ge	fa ï	D	1	re	
			C	● all zu	vt	

Der tromhör new ziel

Discantus

Diſc. dd. ia.

B ij

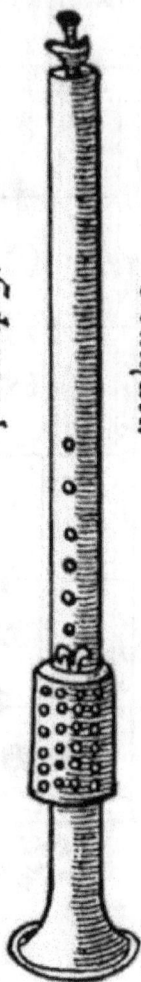
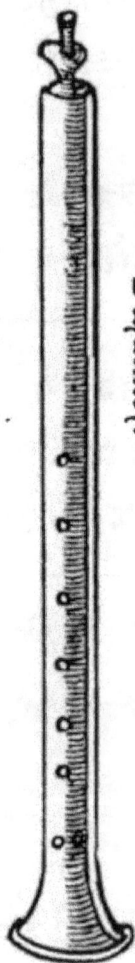

Zincken.

Schwegel.

Bomhart.

Groſpfeiffen.

Schalmey.

Vier Kromphörner / odder Pfeiffen.

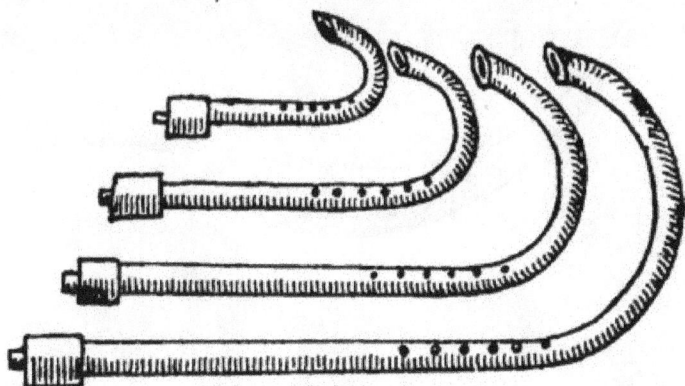

Platerspiel.

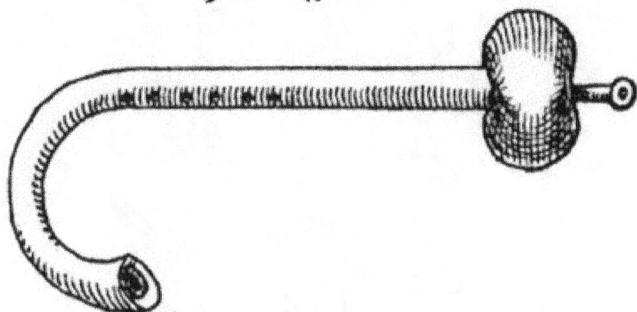

Krumphorn.

B iij   Gemsen

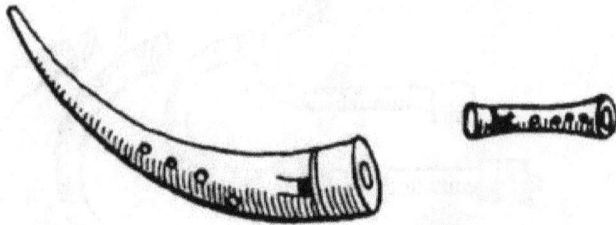

Sackpfeiff.

Ein anders schönes vnd recht Funda=
ment / wie drey odder vier Schwei=
tzerpfeiffen / noch forderung des ge=
sanges / miteinander gebraucht / Vnd
wie die sechs löcher / noch den Noten recht gegriffen sollen werden.

Vrder wil ich dich mit disser Figur
Schon vnterrichten / als mit einer schnur.
Wie du die Noten füglich solt greiffen
Auff einer Schweitzer odder Querpfeiffen.
Die Cifferen / Zirckel / soltu so verstan   1 2 3 4 5 6 •
Wie von den Flöten ist gezeyget an.
Aber das blasen hat ein ander art
Wie die Figurn zeygen zu disser fart.
Die vntersten achte ganz messig blas /   Vō D zū D
Die andern sieben etwas schneller las.   Vō E zū d
Die nehstē vier begerē ein schnellern wind /   e f g aa
Die öbirsten iij gehen gantz geschwind.   bb cc dd
Auch wiltu haben den grund vnd bodem
So lern pfeiffen mit zitterndem odem
Denn es den gesang gantz sere zyret
Auff allen pfeiffen wie man hofiret.
Ich wils ytzund also lassen bleiben
Du magsts selber mit der vbung treiben.
Denn es nicht gros von nöten wird geschatzt
Das man wenig lert / vnd vil dauon schwatzt.
Darümb wollen wir die rede lassen farn
Vnd das rechte Fundament offenbarn.

                                   B iiij

Von dem Ersten geschlecht

Ynn dreyen figurn schön ausgestrichen
Welch aus rechter kunst kompte geschlichen.
Vnd hoff ein yder verstendiger man
Leichtlich aus den figurn begreiffen kan.
Wie ein ygliches zuuerstehen sey
Es sey denn, das er nicht künd zelen drey.
So kan ich yhm warlich nicht geraten
Er esse denn ein rub wol gebraten.
Vnd dauon verstendiger möcht werden
Denn würd erst etwas aus yhm auff erden.
Den verstendigen ist gnug gesaget
Es wern doch viel sein / dens nicht behaget.
Was ligt mir denn dran
Jch hab es gethan.
Vnd ein mal gewagt
Wie manche schöne magd.

Ynn den folgenden figurn süche / wie
du die löcher auff den Schweitzerpfeiffen (wie sichs gehört)
greiffen solt.

Dier Schweißer Pfeiffen.
Discantus.

Altus.

Tenor.

Bassus.

Baſſus

Dento.

dd	6	la	auffs schnelst velocissimo
cc	6 5 3	sol	
bb	4 3	fa	+
aa	6	mi	
g	6 5	re	nochschneller velociori
f	5 4 3 z	fa	
e	4 3 z	mi	
d	6	re	
c	6 5	fa	
b	5 4	mi	
a	4	re	schnelle veloci
G	3 z	sol	
	2	fa	
	1	mi	
E	6	re	
D	6 5	fa	
C	5 4 3 z	mi	
	4 3 z	re	messig mediocri
A	3 z	sol	
F	2	fa	
	1	mi	
D	●all fu	re	

4 z fa · 5 fa · 8 fa · 5 3 fa

		ā	6	la	velocis-simo
		gg	653	sol	
		ff	43	fa	
		ee	6	mi	
dd		dd	65	re	velociori
		cc	5432	fa	
42 fa	bb	432 vt 32	mi	
		aa	6	re	
g		g	65	sol	veloci
		f	5	fa	
421 vt 432 fa	e	4	mi	
		d	3z	re	
F		c	z	fa	
x fa	b	1	mi	
		a	r	re	
		G	65	sol	mediocri
		F	53z	fa	
vt 421 fa	E	43z	mi	
		D	3z	re	
		C	z	fa	
x fa	B	1	mi	Alt:
		A	●	re	Ten

Altus. Tenor.

Dento. Durissonus.

Diſcantus

		ē̄	6	la
		d	653	ſol
c̄		c	43	fa
		b	6	mi
		a	65	re
		gg	5432	ſol
		ff	42	fa
		ee	6	mi
dd		dd	65	re
	54 mi	cc	5	fa
43 vt 43 2 ſa		bb	4	mi
		aa	32	re
g	2 ſe fa	g	2	ſol
	1 mi	f	4	fa
		e	6	mi
		d	65	re
c	i 43 2 mi	c	532	fa
4	vt 4 2 1 fa	h	43 2	mi
			32	re
	2 ſe fa	G	2 1	ſol
	1 mi	F	1	fa
		E	●	mi

velociſſimo
veloci ori
veloci
mediocri

Der Instrument. Musica   xv

Ein schönes Fundament / zu lernen
auff einem klein Flötlein / welchs nicht
mehr denn vier löcher hat / ydoch wenn
das vnterst ende der Pfeiffen / auch
gebraucht wird (wie es gemeyniglich
geschihet) mag sie mit fünff odder
sechs löchern / gerechent werden.

WEiter mag ichs nicht vnterwegen lan
Sonder wil etwas bringen auff die ban.
Wie der gebrauch der kleinen Flöten ist
Vnd die löcher recht zugreiffen mit list:
    Erst nym die Pfeiffen ynn die rechte hand
Odder ynn die lincken on alle schand.
Die ander hand, sey dir frey vnd gemeyn
Ydoch das du das vnterst loch allein.
Mit dem finger der noch dem daumen geht
Thust greiffen / wie es ynn der figur steht.

Vom Ersten geschlecht

Jnn disser figur wird das vnterste
ende der Pfeiffen / wenn es halb gegriffen ist / auch für ein loch odder noten gerechent / wie folget.

	5 3 2 x	bb fa	h		5 3 2 1	mi
				aa	5 2 1	re
g				g	5 1	sol
	5 x	mi ij	f	5 x	fa
				e	5 4 3 2 1	mi
iiii				d	4 3 2 1	re
				c	4 2 1	fa
	3 1	b fa	h	3 2 1	mi
				a	2 1	re
				G	1	sol
				F	x	fa

Klein Flötlin mit vier Löchern

Die ander art der Inftru-

ment / des Erften gefchlechts / nemlich
der Pfeiffen / die durch menfchlichen
wind geblafen mügen werden / vnd
keine finger löcher haben /
wie folget.

Etliche aber haben der löcher keyns
Nur allein oben vnd vnden eyns
Auff diefem wird die melodey / allein
Durchs blafen vnd ziehen gefüret rein
Als fein Bufaun / Trumeten vnd Claret
Wy es hie folgende gemalet fteht
Dauon fag ich nicht viel zu diefer ftund
Denn ich hab auch noch nicht den rechten grund
Wo ich yhn aber werde erlangen
So foltu yhn recht von mir empfangen
Ndoch fol es alfo fchlecht nicht hyn gan
Ich wil dir fie gemalet zeigen an.

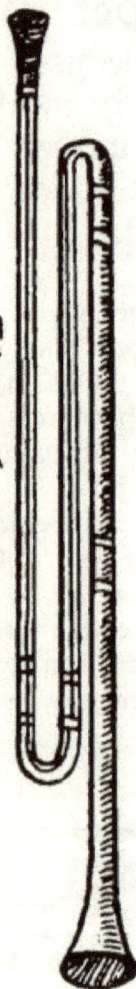

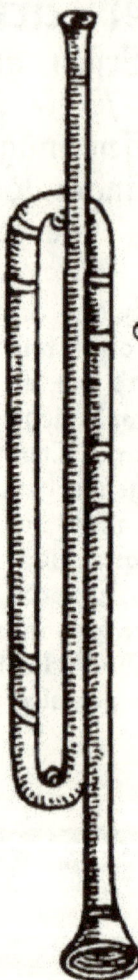

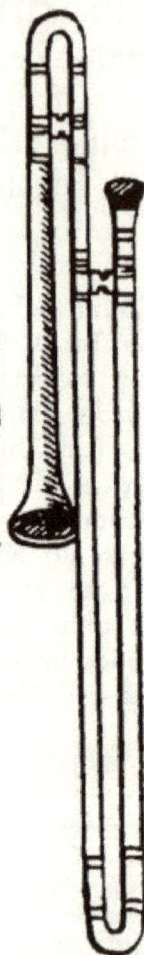

Türmer horn.

Claretа.

Felt Trummet.

Busaun.

Die ander art der Inſtrument / des
erſten geſchlechts / welche nicht durch
menſchlichen wind / ſondern durch
blasbelge (wie folget) gebla=
ſen werden.

Das ander
Capitel.

DEs Erſten geſchlechtis, die ander art
Der holen rören / iſt zu diſſer fart.
Welche des menſchen wind / nicht blaſen mag
Vnd ſind all Inſtrument / wie ich dir ſag.
Die durch blasbelge geben einen ſchal
Als ſind / Orgeln / Poſityff / vnd Regal
Portatyff / vnd ander der gleich geacht
Welcher yhr laut / durch blasbelg wird gemacht.
Von welchem ich auch etwas wil langen
Wenn ich vom abſetzen werd anfangen.   Cap. 3
Nicht mehr alhie ſonder ſchaw yhr geſtalt
Wie ſie darunten ſein recht abgemalt.

C

Von dem Ersten geschlecht
Orgel.

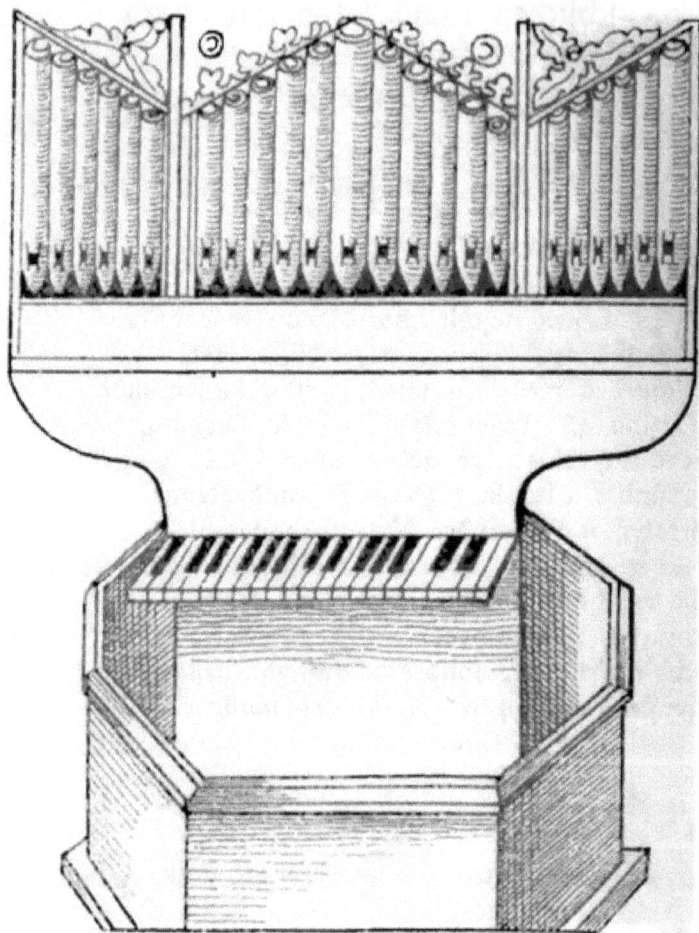

Posityff.

Portatyff.

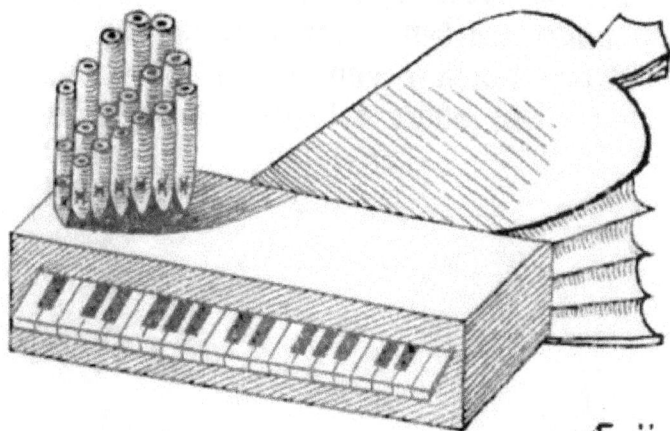

C ij

Regal.

Wie man auff allerley Instrument /
da drey odder vier stymmen auff ge=
macht werden / den gesang aus
den noten / ynn die buchsta=
ben odder tabelthur se=
zen sol.

Das

Das dritte Capitel.

Eym ydern der etwas wil absetzen
Vnd sich damit auff Orgeln ergetzen.
Odder andern Instrumenten der gleich
Dem ists von nöten sag ich mildigleich.
Auffs wenigst / das er wisse als ich sag
Wie viel der noten gehen auff ein schlag.
Auch wie er yhr art recht sol formiren
Vnd sie ynn yhre buchstaben furen.
Darnach sol er (rat ich) nicht vergessen
Wie sie mit hecklein werden gemessen.
Darnach mus er vlessig achtung han
Ynn welchen schlusseln alle noten stan.
Ob sie gros werden gemacht odder klein
Vnden odder oben getittelt sein.
Welchs die Musica ynn yhrer leyter
Leret / da such es vnd frag noch weiter.

Folget / wie man sol die vnterscheyd
der buchstaben erkennen / aus der
Musicalischen leyter.

Ciij

Vom Erſten geſchlecht

Etliche werden gemacht.

zwifel-
tige.

Kleiner.

Groſſe.

					zwifeltige				Kleiner							Groſſe		
dd	cc	bb	aa	g	f	e	d	c	b	a	G	F	E	D	C	B	A	Γ

la
ſol
fa
mi
re
ut

la
ſol
fa
mi
re
ut

la
ſol
fa ♯ mi ♮
la
mi
re
ut

la
ſol
fa
mi
re
ut

la
ſol
fa ♯ mi ♮
la
mi
re
ut

la ſol
fa
mi
re
ut

Die 4.
finales

38

Die lextter der fünff gezeychen= ten schlüsseln.

dd la sol		dd		dd
g sol re ut		g g		g
c sol fa ut	Ynn dem Chor ge= sang wird es also ge= zeychent	c	Aber ym figural gesang / also.	
f fa ut		f 3		):
Γ ut		Γ		Γ

Diese fünff schlüssel werden alle auff den linien erfun= den / vnd ein yglicher stehet von dem andern eine. 5. ausgeschlossen das Γ / stehet eine. 7. vnter dem f faut.

Vom Ersten geschlecht

Von dreyerley vnterscheyd der schlüsseln odder buchstaben / Vnd wie sie ym absetzen gebraucht werden.

Sol dir das absetzen werden bekannt
So setz die zwifaldigen ym Discant.
Kleine / sondern oben mit strichlein gar
Die grossen ym Bas das glaub mir vorwar.
Werden zu zeitten auch kleine gemacht
Nur allein vnden mit titteln verbracht.
Wie dir die folgende figur weiset
Merck's gar eben / so wirstu gepreyset.

Also werden gemacht die.

Dupelten · aa bb ♮ ♭ cc dd ee ff gg.
Ym absetzen / wie folgt. Disc.

a̅ b̅ ♮̅ c̅ d̅ e̅ f̅ g̅

Kleine a b ♮ ♭ c d e f g. Te.

ff G A B ♮ ♭ C D E F G.

Odder also / wie folget. Bas.

Grossen f̲ g̲ a̲ b̲ ♮̲ ♭̲ c̲ d̲ e̲

Wie

Wie die noten ym absetzen / vnd die hecklein vber den buchstaben gemacht werden / vnd was sie bedeuten.

Jm ge-
sange
werden
die no-
ten also
gemacht.

Semifu-
sa

Fusa

Semi-
minima

Mini-
ma

Semi-
breuis

Breuis

Jm absetzen ym Dißcant / also.

Jm Tenor vnd Baß / also.

e
h
a
G
F
D

C v

Von dem Erſten geſchlecht

Wiewol ich alhie allein hab betracht
Wie der Discant mit noten wird gemacht.
Vnd die andern ſtymmen mit buchſtaben
So ſoltu das gleichwol von mir haben.
Das offt alle ſtimmen ynn der gemeyn
Ynn den buchſtaben komen vberein.
Ein yderman machts wie es ym gefelt
So wird denn ſein mütlein zu fride geſtelt.

Von den Ligaturen / odder zu hauff gebunden noten / zum abſetzen nützbarlich zu wiſſen.

Auch wiltu dem abſetzen nach ſpüren
So muſtu wiſſen von Ligaturn.
Welche noten ſein zu hauffe gebunden
Wie ich dirs kurtz zeigen wil darunden.
Ynn etlichen Regeln fein verfaſſet
Gott geb dem kein glücke der es haſſet.

Die Namen vnd formen der noten /
ym figural gefang.

Name	Note		Wert		Pausen
Semi·fufa.			16	**C**	
Fufa.		der gel·ten	8		
Semi·minima			4	Ein hal·ben tact	
Mini·ma.			2	Paufen	
Semi·breuis.			1	**₵**	
Breuis.			2		
Conga.		die gilt	4	Halben tact	
Maxi·ma.			8		

Alleins / ynn den einfeldigen Noten
Der fchwantz fey auff vnd nidder geroten.
Ynn den Ligaturen hats ein ander art
Wie du alhie folgende wirft gelart.

Von dem erſten geſchlecht

Eyner yglichen noten ynhalt / ynn gemeinen zeichen / wie folget.

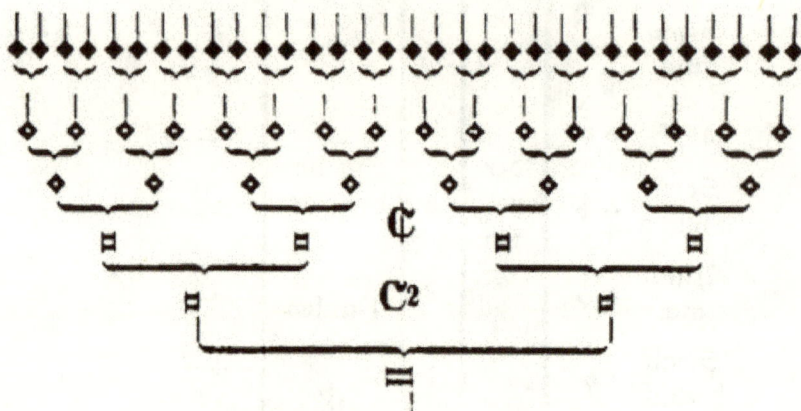

Von ligaturen eine vorrede.

Dweil ſichs ym geſang offt begibet
Das nicht alleine werden geübet.
Vnd ein yglige noten erfunden
Sondern drey / viere zuhauff gebunden.
Vnd weil ſie ein yder nicht all vernimpt
Bin ich verurſacht wurden / wie ſichs zympt.
Die vnwiſſenden zu bedeuten recht
Wie ſichs gebürt einem getrewen knecht.
Was die Ligaturn bedeuten behend
Sie ſtehn am anfang / mittel / odder end.

Was

Was Ligatura ſey.

Ligatura iſt / wiltu es roten
Eine zuhauff bindung zweyer noten.
Odder mehrer durch bequeme ſtrichlein
Durch welche ſie zuhauff gezogen ſein.

Item Vier bindliche noten.

Semibreuis ◆

Es ſind 4
bindliche
noten.

Breuis. ▱

Longa. ▱

Maxima. ▱

Vom Ersten geschlecht

Diese sind vnbindlich /
drümb werden sie ynn
keinen Ligaturen ge
funden noch gesungen.

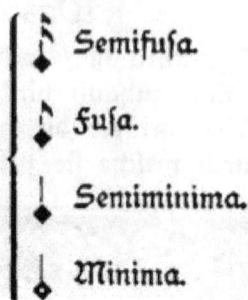

♪ Semifusa.

♪ Fusa.

╵ Semiminima.

╷ Minima.

Von zweyerley gestalt
Der Ligaturn.

Ein ygliche Ligatur auff erden
Mag ynn zweyerley form gemacht werden.
Die erste wird recht viereckicht vorzalt
Die ander hat eine kromme gestalt.

Von den ersten noten
der Ligaturn.

Die erſte Regel.

Die Erſte one ſchwantz, iſt longa vorwar
So die ander vnterſich ſteiget gar.

Die ander Regel.

Die Erſt one ſchwantz / iſt Breuis genant
So die ander hynauff ſteigt zu hant.

Die dritte Regel.

Die Erſt niddergeſchwentzt / an der lincken
Thut allzeit nach einer Breui wincken.

Die vierde Regel.

Wenn der Erſten ſchwantz lincks auff thut wandern
So iſt ſie Semibreff / mit der andern.

Von den mittelſten.

Die erſte Regel.

Die werden alle Mittelſte geacht
Zwiſchen der erſten und letzten gemacht.

Die ander Regel.

JGliche nota ym mittel geſatzt
Wird von den Sengern ein breuis geſchatzt.
Ausgenommen / wenn die erſt geſchwentzt ys
Jſt ſie vnd die ander Semibreuis.
Wie oben im vierden Regel gemelt
Merck's ynn allen regeln hernach geſtelt.

Die mittelſten ſind Breues.

Von den letzten.

Die erſte Regel.

Die letzt quadrat ſo ſie nidderſteiget
Wird ſie fur eine lang angezeiget.

Ultima quadrata deſcendens ſit tibi longa.

Das dritte Capitel.

Die ander Regel.

Ist die letzte quadrat hynauff gemalt
So wird sie für eine Breuem gezalt.

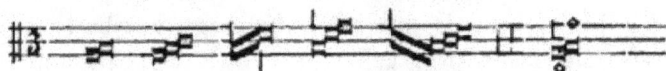

Exempel. 2. Reg. Disse ausgeno.

(men)

Die dritte Regel.

Brenis ist / igliche letzt Obliqua
Ein ding / ob sie auff odder nidder ga.

Exemp. 3. Regule. Excipe.

Die Letzte Regel.

Maxima / dieweil sie ist die gröste
Bleibt sie allzeit ynn yhrem gerüste.

Exemp. von der Maxima.

D   Eine

Das dritte Capitel.

Ein vnterweisung vom absetzen.

WEnn du des nu alles haſt ein vorſtant
So nym zum erſten für dich den Discant.
Vnd yhn (Wie folget) mit Noten formir.
Auff fünff odder ſechs linien notyr.
Doch alſo / das allzeit ein gantzer ſchlag
Vom andern abgeſondert / ſtehen mag.
Auff das deſte leichter dich kommet an
Vnd ſubtil geſchatzt wird von yderman.
Darnach ſetz den Tenor aus den Noten
Ynn buchſtaben / das ſey dir geboten.
Alſo / das des Tenors ſchleg ynn allen
Gleich vnter des Discants Tact gefallen.
Zum letzten den Baſſ. auch ynn buchſtaben
Vnd hör / wie du dich mit yhm ſolt haben.
Setze yhn mit ſeinem Tact / wie ich zege
Vnter des Tenors vnd Discants ſchlege.
Wie ich dirs ynn der figur wil weiſen
Wirſtus mercken / ſo wird man dich preiſen.
Ein ſolch abſetzen / ſag ich dir behend
Magſtu brauchen auff alle Inſtrument.
Sie ſind Clauirt odder vngeclauirt
Auff welchem man mehr denn eine ſtym fürt.
Noch hat die laut ein ander geſtalt
Welchs ym ſechſten Capitel wird verzalt.

Folget ein figur / Wie die Noten vnd Pauſen gemacht werden **

acht / vnd wie viel ſchlege ſie
ht vnd geteylet werden.

n.

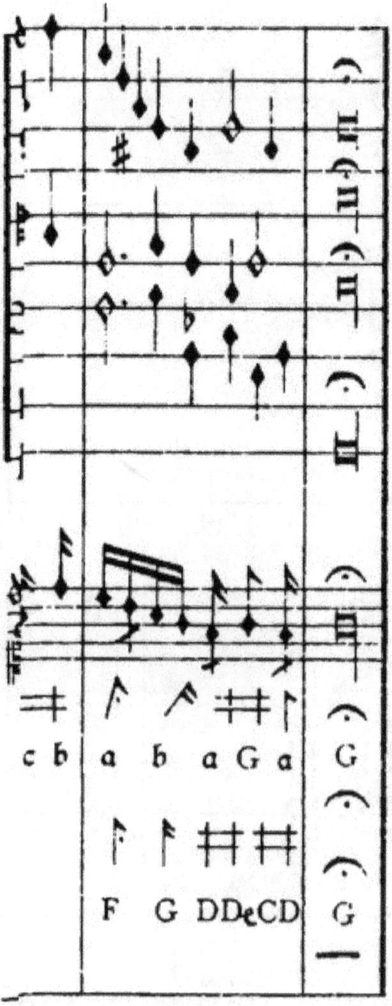

; den Noten des gesangs /
gesetzt wird.

Gesang.
Disca.

Tabelthur.

a g f e   f g a g f e gfis   g

Tenor.

c   d b a   G

Baß.

F   D G D   g

einander /

ı / wie

$\overline{bb}g$ $\overline{a}gfe$	fg $\overline{a}gfe$ gfis	$\widehat{g}$
c	b a	$\widehat{G}$
a a F	DG D	$\underline{\widehat{g}}$

Zum 1.					6		g
	fa Ⅱ	los d:		ſol Ⅱ	5		d
			von diſſem		4		a
Zum 2.			das		3	Kor	F
	vt Ⅱ	greif		re Ⅱ	z		C
Zum 3.		6			1		Γ

Das ander geschlecht xxvi der musicalischen Instrument / welche mit Seiten bezogen (vnd dauon sie auch Seytenspiel / wie folget / genant) werden.

Das Vierde Capitel.

DEs andern geschlechts / sind / vngelogen
Alle Instrument mit Seyten bezogen.
Auch sind etliche mit Clauirn gemacht
Durch welch yhre Melodey wird vorbracht.
Als sind / Clauicorden / Clauicymbal /
Symphoney / Schlüsselfidel / Virginal.
Clauiciterium / Leirn / meyn ich auch
Vnd alle / die yhn gleich sind ym gebrauch
Von dissen wil ich mehr disputirn
Wenn ich schreiben werd vom Tabulirn
Denn wil ich dich etwas vnterrichten
Wie du noch der Tabelthur solt tichten
Disse zu erkennen sich vnten an
Yhre gestalt / wie sie gemalet stan.

Dij Die

Die rechte Scala auff das Clauier der Orgel appliciert.

Der Buchstaben dreierley gestalt.

oder also

oder also

aa ♮ cc ♭♭ ee ff gg

Clauicordium.

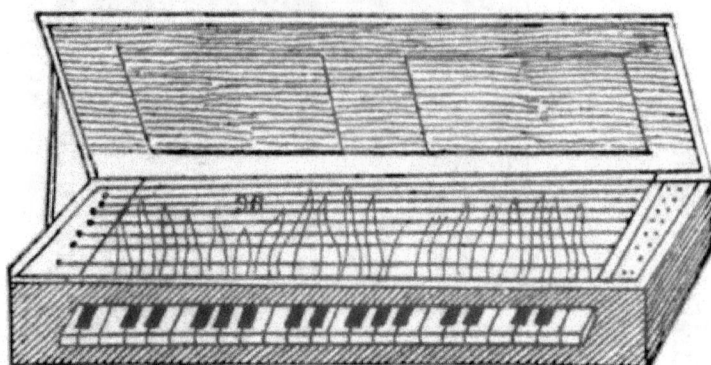

Clauicymbalum.

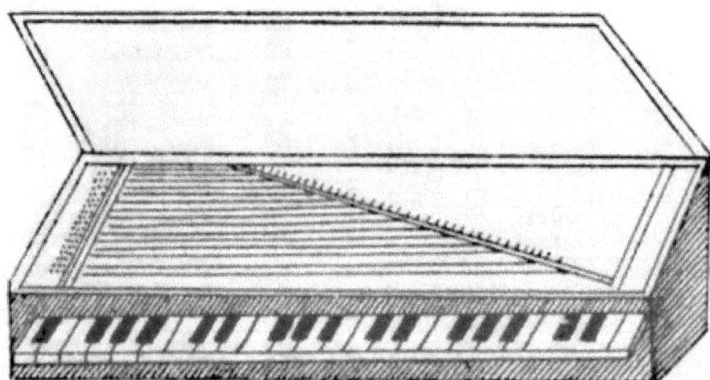

D iij

53

Vom andern geschlecht Virginal.

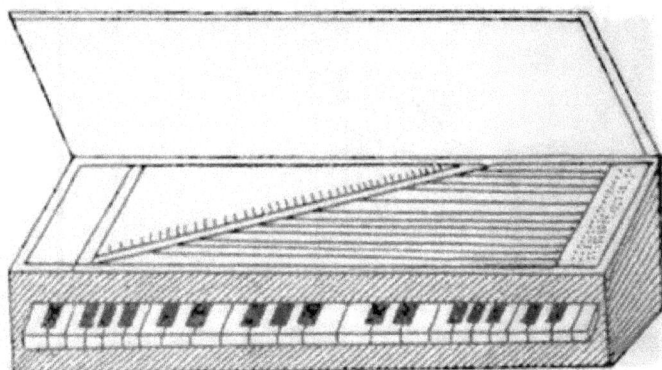

Leyer.

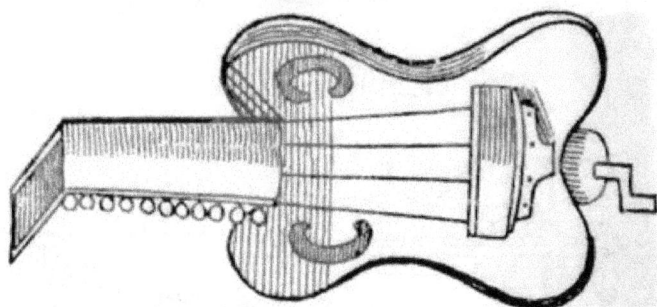

Der Inſtrument. Muſica.   xxviij
Clauiciterium.

Schlüſſel Fidel.

D iiij

Vom andern geschlecht.

Die ander art der Seytenspiel / welche keine schlüssel / sondern bündte haben / durch welche sie recht gegriffen vnd wollautend gemacht werden.

Ie ander art der Seytenspiel / merck dir
Haben gar keine schlüssel noch Clauir.
Allein bünd / odder sonst gewisse zil
Da man die rechten griffe haben wil.
Vnd yhre Melodey wol abteylen
Welchs du durch bünd vnd Chör solt ereylen.
Als sind / Lauten / Quintern / vnd gros Geigen
Wie dir dieses Capitel thut zeygen.

Das fünffte Capitel.

Ein Vorrede / von der alten vnd vnbequemen Tabelthur der Lutinisten / Vnd dabey eine lere / einer andern vnd wolgegründeten / welch aus dem rechten Fundament der Musica her kompt.

Intemal ich habe gefangen an
Vnd von Pfeiffen ein lere gethan.
So wil ichs weiter nicht vnterlassen
Zu sagen vnd leren etlicher massen.

Von

Der Jnſtrument. Muſica

Don der Lauten / Hackebret vnd Geigen / Cap. (8)
Harffen / Pſalter / ſo viel ſichs wil leiden.
Orgelen / vnd Stroſideln nicht vergeſſen. Cap. 14.
Vnd der andern diſſen gleich gemeſſen.
Nicht wil ich aber dismal erkleren
Vnd das gantze Fundament leren.
Sondern ich wil allein darnach richten
Wie man ſich auff den gſagten ſol tichten.
Nach der Tabulathur / gegründet recht
Ynn der Muſic vnd gſang erfunden ſchlecht.
Drümb bitt ich fründlich euch Lutiniſten
Yhr wölt euch nicht ſtelln wie böſe Chriſten.
Welche alles zum ergſten thun deuten,
Ymmer an galgen mit ſolchen leuten.
     Ja mögſtu ſprechen / Es iſt nicht möglich
Das du von der kunſt ſolſt reden töglich
Kanſtu doch auff der Lauten nicht ſpilen
Vnd wilt noch der Tabulathur zilen.
Ja ich bekenne es / vnd iſt mein ernſt
Das ich mit der vbung noch ſteh von fernſt.
Ydoch hab ich von Gott diſſen vorſtand
Das ich ein wenig weis, wie nah beyland.
Weiter hab ich mich manchmal bekummert
Vnd heimlich bey mir ſelber verwundert.
Der Alphabethiſchen Tabulathur
Wie ſie doch erſtmals ſey komen herfur.
Auch mag ich billich mit ſolchem beſcheyd
Alſo ſagen / wie mirs ym hertzen leyd
Das die Organiſten viel clüger ſeyn
Als die Lutiniſten mit yhrem ſcheyn.

                                        Denn

Das Vierde Capitel.

Denn disse (wie ich mich lasse duncken)
Sind auff dismal gewesen gantz druncken.
Da sie yhr Tabelthur haben erticht
Auch haben sie villeicht gehabt kein licht.
Das sie die Noten nicht haben erkant
Vnd die Claues gesatzet forn an den rand.
Sie möchten sich wol damit verkrichen
Denn sie sind weit von der kunst gewichen.

    Weiter / wie ich mir hab lassen sagen /
Wiewol mirs nie hat wöllen behagen,
Das yhre Tabelthur erfunden sey
Jsts war / so las ichs auch bleiben dabey
Von eym Lautenschlager blind geborn
So han sie den rechten Meyster erkorn.
Sol nu ein blinder (welchs nicht gleublich ist)
Von solcher kunst reden aus rechter list.
Der die Musicam nie recht hat erkant
On welche all Jnstrument sind ein tand.
Hat doch ein sehnder gnug zu schaffen
Welcher ynn der kunst nicht ist zu straffen.
Also möchte ich wol billich sagen
Wenn mich einer drümb würde fragen.
Das der blinde Meyster die leer Jungen
Auff den vnrechten weg hat gedrungen.
Vnd sie mit sehnden Augen blind gemacht
Es ist kein wunder / das man yhrer lacht.
Dieweil ein blinder den andern füret
So werden sie beide narrn gespüret
Wenn sie wöllen auff die rechten strassen
Als denn kommen sie erst wol zu massen.

Vnd

Der Jnstrument. Musica. xxx

Vnd fallen zuhauff ynn ein finster loch
Weil sie han gezogen an einem ioch
So wissen sie nicht / wo aus / odder ein
Vnd haben villeicht zubrochen die beyn.
Odder sind gantz darynne verfallen
So ist man spöttisch ober yhn allen.
Darümb wiltu disser kunst recht nach gan
So ker dich nicht an einen blinden man.
Hör / hör / was ich dir trewlich raten wil
Denn ich bin auch gewest bey solchem spil.
Hastu lust zu den gesagten künsten
So mustu lauffen ynn vollen brünsten.
Zu einem holdseligen Junckfrawlein /
Das ist gantz liplich / freundlich vnd fein
Mir hat nie keine also wol behaget   1   m
Vor disser hertze allerlibsten Maget /   2   u
Sie ist gantz fruntlich bey yderman   3   f
Jch schatz sie die libst / on allen wan.   4   i
Zu yhrem namen ich dich weisen wil   5   c
Jch bin offt mit yhr gewest ym spiel   6   a
Von den sechs oben gesagten zeilen
Mustu du den ersten buchstab abteylen.
Vnd solst sie zuhauff syllabisiren
So darffstu nicht lang buchstabiren.
Wie disse schöne Junckfraw sey genant
Denn yhr nam ist gemeyn ynn allem land.
Bey Königen / Fürsten / vnd andern herrn
Mus sie offt manchen armen knecht ernern.
Der sonst mit schwerer arbeit müst vmbgan
Aus dem macht sie offt einen solchen man.

                                        Der

Von dem erſten geſchlecht.

Der von allen menſchen lieb wird gepreiſet
Mit gelt vnd gut ſein beutel geſpeiſet.
Wie dem Arion zu der zeit geſchach
Da er reyſet vber waſſer vnd bach.
Mit groſſem gelt vnd gut ſeer beſchweret
Welchs er mit der Harffen hat gemehret.
Bey den völckern ynn Sicilier land
Was er lieb gehalten vnd wol bekant.
Hört mir zu wie es yhm weiter ergieng
Da er widder heim zureiſen anfieng.
Vnd ſich zu den ſchiff leuten geſellet
Die aus ſeim vaterland waren beſtellet.
Auff dieſe / als ſeine beſten kompan
Verlies er ſich gantz / als ein biderman.
Da ſie kamen mitten yns tieffe Meer
Begund yhn das gelt zu lieben ſeer.
Sie machten gar bald einen ſchnellen rat
Wie ſie den Arion vmb brechten drat.
Das vernam der gut Harffenſchlager
Wie ym was beſtellet ein bös lager.
Er gab yhn alles was er vermechte
Das er alleine ſein leben weg brechte.
Es halff aber gar kein gab vberall
Huy / Huy / ymmer weg ſchreyen ſie an zal.
Wirff dich yns waſſer / nicht mehr wird daraus
Wir wöllen dich nimmer bringen zu haus.
Jdoch erlangt er von yhn zu klingen
Vnd Auff der Harff ein Carmen zuſingen.

Ohm

Quid. li :
Faſto.

60

Yhm zu trost vnd zu einer guten nacht
Da was bald ein walfisch der hilt die wacht.
Als das liebliche Carmen het ein end
Must er sich yns Meer werffen behend.
Balt war gegenwertig der grosse fisch
Vnd nam yhn auff seinen rücken so risch.
Das yhm das wasser nicht kunde schaden
Auch dorfft er ym Meer nicht lange baden.
Er bracht Arion ynn kurtzen stunden
Zum rand vber manche grosse vnden.
Darümb ist diese kunst von solcher art   Musica.
Das sie nicht alleine zu dieser fart.
Von menschhen / sondern auch von wilden thiern
Wird geliebt / wenn man damit thut hoffirn.
Von diesem wil ich itzt nicht mehr schreiben
Sondern / ich wil die Materia treiben.
Von Tabulirn / wie oben gesagt
Es wird doch ymand sein dems behagt.

Ich sage noch / das die Lautenschleger
Müssen haben einen blinden zeyger.
Das sie mit dem absetzen so handeln
Sie möchtens billicher weis wol wandeln.
Die Orgnisten sind ym recht nachgangen
Vnd haben gantz künstlich angefangen.
Aus der rechten kunst Musica genant
Kümpt yhre tabelthur ynn alle land.
Welchs (als mich düncket) nicht vnbillich ist
Das sie so haben gebraucht yhre list.

                                              Nu

Vom andern geschlecht

Nu ists (schatz ich) gantz unbillich gethan
Syntemal die Lutinisten / was sie schlan /
Aus dem gesange müssen Tabulirn
Das sie gantz viel mehr buchstaben thun füren.
Als die Schala vnd leyter leren thut
Auch hab ich offt gedacht ynn meinem mut.
Das es gar viel leichter wer zu fassen
Vnd buchstaben brauchen rechter massen.
Die ym gesange ligen verborgen
Thu allein auff den vnterscheyd sorgen.
Denn die neun / vom Γ ut bis zum G
Werden stets gros gemacht / als ich vorsteh
Die volgenden achte / vom a zum g
Werden gemalt mit cleinen buchstaben meh
Die obersten sechsse / glaub mir vorwar
Stehen ynn der Scala geduppelt gar.
Ym absetzen hat es ein ander art
Mit den geduppelten zu dieser fart.
Denn sie werden auch einfeltig gemacht
Nur oben getittelt das halt ynn acht.
Auch werden die grossen oft klein funden
Allein das sie getittelt sind vnden.
Wer nu aus dem gsang absetzen wil
Auff Lauten vnd viel ander Seytenspiel.
Der halte den gsagten vnterscheyt
So ist er zum Tabuliren bereyt.
Auch mus er auff die Noten achtung han
Vnd die strich mit den hocken nicht nach lan.
Denn sie geben einen rechten anfang
Ob die Noten sollen sein kurtz odder lang.
                                    Wolan

Wolan, was darff ich machen viel wort
Jch wils vnden zeichen / wie sichs gehort.
Hnn figuren gantz kürtzlich gefasset
Darůmb rat ich / das yhr nicht ablasset.
Sondern / vbet vor euch ym gesange
So wird euch so bald nicht werden bange

    Wenn yhr nu mit der zeit weiter wölt ziln
Vnd lernen auff allerley Seytenspiln.
Damit verwerff ich ewer Tabelthur nicht
Denn da würd ich gescholden ein böswicht.
Auch hab ich den Meystern nicht geschrieben
Die Lautenschlan lange haben getriben.
Ein alt hund ist bös bendig zu machen
Jch weys wol / sie werdens offte lachen.
Jch geb allein den anhebern ein rat
Wie das Fundament sey zu begreiffen drat.

    Disse Tabelthur / wie ytzt berürt
Mag auff all Jnstrument werden gefürt
Allein das man halte zu disser fart.
Wie ein yglicher begert ynn seiner art.
Denn / Lauten / Harffen / Orgeln vnd Psalter
Haben fast ein art bey vnserm alter.
Das drey odder vier stymmen gemeyn
Obernander gesatzt werden allein.
Discantus oben / darnach Alt vnd Tenor
Gantz vnden der Bas / das gleub mir verwar.
Auff der Orgel wird stete der Discant
Auff fünf linien gesatzt allzuhant
Vnd die andern stymmen darunter gestalt
Mit buchstaben aus dem gesang gemalt.

                                Auff

Vom andern geschlecht.

Auff die andern drey wie oben genent
Werden alle stimmen gemacht behent.
Mit buchstaben gemeinlich geschrieben
So wird das absetzen recht getrieben.
Mit Geigen / Pfeiffen / auch meyn ichs Trumpscheit.
Leyrn vnd fideln, hats die behendickeit
Das allzeit eine stym besunderlich
Vnn buchstaben gesetzt behendiglich.
Wie hie vnden gantz leichtlich wird erkant
Vnn den abgesatzten stücken zuhand
Auff dis mal genug vnd nicht mehr dauon
Denn es ein verstendiger senger schön.
Aus den volgenden figuren kan mercken
Wie man sich schicket ynn diesen wercken.
Denn die Scala genant ein fundament
Stet gemalt auff dem Lautenhals behend.
Welche kürtzlich zeiget zu dieser frist
Wo mi odder fa auff der Lauten ist.

Lauten

Lauten.

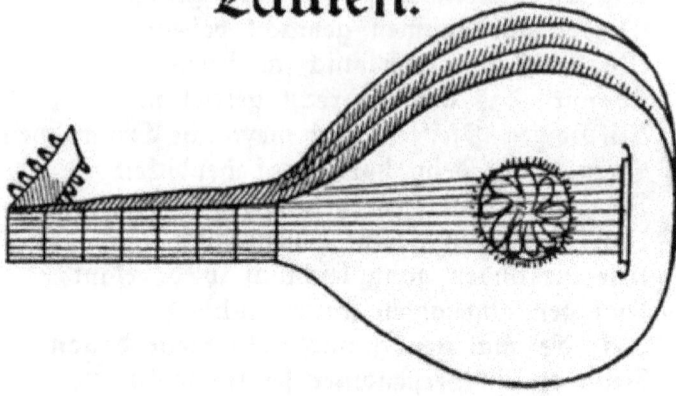

Quintern.

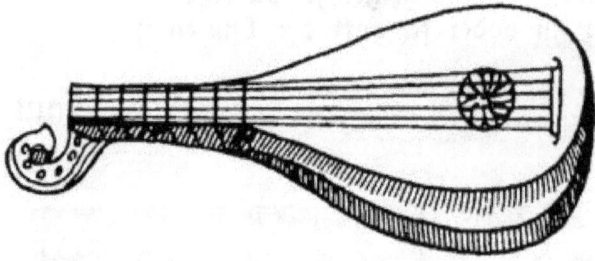

E

Die Musicalissche Scala mit der al=
ten vngegründten Tabelthur / auff
den Lauten hals applicirt.

Erste bund · 2 · 3 · 4 · 5 · 6 · 7

Ge / A	Ce / Ā	Fe / b	b / c	de / d	ge / e
Are / f	Dsol: / f	Gsol: / g	♮ mi / ♮	elami / i	aala: / k
Bfa: / t	De / l	Ge / m	c fol: / n	ffa: / o	bbfa / p
♮ mi / q	Ela: / q	ala: / r	ce / f	fe / t	♮ mi / v
Cfa: / ce	ffa: / ce	bfa: / y	d la: / z	gfol: / z	ccfol: / 9
Ce / A	Fe / Ā	♮ mi / b	de / c	ge / d	ae / e
Dsol / ff	Gfol: / f	c fol: / g	e la / h	aala: / i	ddla: / k

die selb ofs bedeut

Гu / 1	Cfa: / 1	Ffa: / z	a la: / 3	d la: / 4	gfol: / 5

Alhie stehet die rechte Tabelthur / welche aus dem rechten fundament der Musica genomen / alleine auff den Lauten hals / wie sichs gehört / geschrieben.

Erste bund	Ge	Ce	Fe	b	de	ye
	A	D	G	♮	e	ā
2 3	B	De	Ge	c	fe	b
4	♮	E	a	ce	fe	♮
5	C	F	b	d	d	d
6	Ce	Fe	♮	de	de	de
7	D	G	c	e	a	d
	Γ	C	F	a	b	g

dieffe faß bedeut

67

Vom andern geschlecht
Alhie lerne die Claues greiffen zwischen den bündten / ym abzuge der Lauten.

Erste bund						
F	Cℓ	Fℓ	b		dℓ	gℓ
G	D	G	♮♭	e		ā
Gℓ	Dℓ	Gℓ	c	f		♭
A	E	a	cℓ	fℓ		♯♯
B	F	♭	d	g		c̄
♮♭	Fℓ	♮♭	dℓ	gℓ		♯ℓ
C	G	c	e	ā		♭
F	C	F	a	d		g

dieselofft bedeuth

68

Das Sechſt Capitel.

Wie auff die Lauten / Harffen / Pſal=
ter vnd andere der gleichen / nach der
rechten vnd aus der Muſica gegründ=
ten Tabelthur / der geſang aus den
Noten / ynn die buchſtaben
ſey zu ſetzen.

Dieweil ich alhy habe bracht herfür
   Auff die Lauten ein ander Tabelthur.
Vnd nicht alles darzu dienend / vorzalt
So hör weiter wie es hat ein geſtalt.
Die Lutiniſten wenn ſie Tabulirn
Thun ſie ein wenig ein ander art füren.
Als die Organiſten vnd der gleichen
Wiewol ſie nicht weit vonander weichen.
Die Lutiniſten ſich des ergetzen
Vnd den Discant nicht mit noten ſetzen.
Sie brauchen auch der funff linien nicht
Als die Organiſten ynn yhrem geſchicht.
Sie ſetzen alle ſtymmen / ſag ich zwar
Aus den Noten ynn buchſtaben vorwar.
Ydoch alſo / das allzeit der Discant
Ynn der höh behalte die öberhand.
Vnd die andern (wie oben iſt gemelt)
Sollen gleich vnter yhm werden geſtelt.

                       E iij Auch

Vom andern geschlecht

Auch machen ytzund die Lutinisten
Wenn sie drey stymmen obereyn rüsten.
Den Discant vnd die öberst stym allein
Mit geschwentzten buchstaben / als ich meyn.
Die andern stymmen vnter yhm gemalt
Haben gemeynlich ein schlechte gestalt.
One hocken sie geschrieben werden
Ydoch merck mich ynn diesen geberden.
Das gemeyniglich ein schlechter buchstab
Die mas / des geschwentzten ober yhm / hab
Vnd der schlechte wird stets also geschatzt
Als der geschwentzte vber yhm gesatzt.
Ist der öberste zweyheckicht gemacht
So werden die schlechten auch so verbracht /
Die gleich vnter yhm werden erfunden
Ydoch sag ich dir zu dissen stunden
Das es viel billichher vnd besser wer
So es geschen möcht on alles gefer
Wenn ein schlechter buchstab würde berürt
Vnd vnter eym zweyheckichten gespürt.
Das die schlechten mit dem griff so lange
Gehalten würden als mit eim prange.
Bis das der laufft des schlages ober yhm
Der heckichten buchstaben / wer dahyn.
Denn Magstu ein andern schlag anheben
Auch soltu weiter mercken darneben.
Das die Melodey des griffs wird gehört.
Vnd etwas lenger denn sonst gespört.
Darumb vbe dich auff die art / mit ernst
So sagt man dast auff der Lauten recht lernst.

Wiltu nu auff Lauten recht abmessen
So thu des vnterscheyds nicht vergessen.
Der buchstaben / welcher ist dreierley
Wie oben gemelt / auch lerne darbey.
Wie vil Noten gehn auff ein gantzen Tact
Vnd machs wie von der Orgel ist gesagt.
Also das ein yglicher schlag behelt
Vom andern gescheyden / sein eygen felt.
Darnach setz alle stymmen / wie vorzalt
Aus den Noten ynn buchstaben gemalt.
   Weiter mustu vleissig darnach tichten
Was dich diese figurn vnterrichten.
Disse Tabelthur dient gantz eygentlich
Auff Lauten / Harffen / Psalter / auch hör mich.
Das man sie billicher weis brauchen mag
Auch auff den Clauirten / wie ich dir sag.

Die alte Tabelthur sampt der Scala
zuhauff geappliciert / vnd ist zum ab=
setzen seer nützlich zu wissen.

dd	p̄		de fa	i	ee	v̄	la
	ē		c̄e fa	i	dd	k̄	sol
					cc	9	fa
g	p	ō	bb fa	i	h	n	mi
	e	ɣ	ge fa	i	aa	k	re
	c	f̄	fe fa	t	g	ſ	sol
					f	o	fa
	d	ē	de fa	i	e	i	mi
	ſ	m̄	ce fa	i	d	3 4	re
c					c	n	fa
	c	ÿ	b fa		h	h	mi
	m	t̄	Ge fa	i	a	r 3	re
	b	ā	Fe fa	i	G	g	sol
					F	g	fa
	l	t̄	De fa	i	E	q	mi
	ā	a	Ge fa	i	D	q	re
					C	q	fa
	c		B fa		B	q	mi
	ā		Ge fa	i	A	ff	re
Γ					Γ	1	vt

72

Wie man ynn den ungreifflichen grif=
fen auff der Lauten / einen buchstab
ynn den andern / ynn der Octaua od=
der ym gleichen laut / verwandeln sol.

AVch ist von nöten einem yederman
Der das absetzen recht wil fangen an.
Es sey auff die / odder ein ander art
So schaw das du die kunst recht hast gelart.
Dieweil sich offt schwere griff begeben
Auch ungreiffliche / so merck gar eben.
Das du einen buchstaben thust wandlen
Ynn den andern / so du recht wilt handlen.
Der mit yhm / ynn gleichem laut wird funden
Auch die Octau / oben odder unden.
Disse figur wird dir geben bescheyt
Wie weit yglich buchstab vom andern steyt.
Obs ein Octaua sey / odder Unissonus
Dis sey dir gesaget zum uberflus.

folget ein figur / wie die buchstaben
ynn der Octaua voneinander / odder
ym gleichen laut / erfunden und
erkant mügen werden.

Eij

Von den Buchstaben der Octauen.

ee dde dd cc	la fa la fa	v pē rē e — uniſoni		i d 34 f	h̄ r̄ m̄	e de cc	la fa la fa
cc hh bb	ſol mi fa	q b pō — t		n h c	ḡ b ẏ	c h b	ſol mi fa
aa ge g	la fa ſol	f e 5 — i d ꝗ		rz m g	ꝗ̄ t f̄	a Ge G	la fa ſol
fe f e	fa fa la	t o i — ꞇ̄ n ꜩ	⌐eyne octa:⌐ ua mit ⌐dieſſenn	β x q	ā̄ z q̄	Fe F E	fa fa la
de d cc	fa la fa	o 34 ſ — c̄ r̄ m		l f 2l	t̄ f̄ a	De D Ce	fa ſol fa
c h b	ſol mi fa	n h c — ḡ b ẏ		x̄ q t	1	C h B	fa mi fa
a Ge G	la fa ſol	rz t g — 3ꝗ̄ m̄ f		ff 2l 1	uniſont	A Ge G	re fa vt

folget ein ſchönes Exempel / Wie ein ygliche ſtym
aus den noten ynn buchſtaben geſetzt wird ⁂

74

ym absetzen geteylet / vnd ynn die buchstaben verwan
delt vnd was die strichleyn oder hocken, so darüber gemacht werden bedeuten.

Auff die Lauten

ā f g ā b̄ c̄ a

Ach gott von hy
mel sich dar eyn

---

b̄ c̄ d̄ c̄ c̄ b̄ ā g f e
ā

---

d e f g ā g f e g fis
b a
D

---

g Ḡ a b c Dis F g ā f d D

---

b ā g ā g f g
d b
G D G

ā ā b̄ ā
a a
D G D

---

g ā b g c̄ b̄ c̄ b̄ ā g
b a
G F

---

b̄ a b̄ ā g f ā g ā g f e
G c
F

g f g f dis d fis g e fis	g a E F G
b a	G :)(:
G D	G D
c e	d c d e f e f g
a	b a
DEFG a b c a	G F
a g d c h c	f g a b a g a g f e
F G a b c	d c
E	D F
d g c F	b a b a G F b f
b a	G G a
G F	D

Auff die Lauten

g f g e	b̄ A B C	ā	b F G a
b	G	F	a	G
G	G	D	F	Dis

g		fis g fis e fis	g a b c	d e f g
b	c	a	G	b
Dis C	D	G	

ā b̄ c ā	b	G	ā g	ā g f e d e f d
c	d	G	a	b
		D	B

g f e d f e	f e f d	dis b G a	d a F G
G	F	c	b
C	D	C	B

78

aBCA fCDE A B	$\bar{a}$ $\bar{b}$ g G F G Dis
f $\bar{b}$ $\bar{b}$ a g f ð b DG G	e $\bar{a}$ $\bar{a}$ g f e c ð a D
ð e f g $\bar{a}$ g $\bar{a}$ $\bar{b}$ c $\bar{a}$ c B F	$\bar{b}$ a $\bar{b}$ c h a g f ð c b a B F G D

Vom andern geschlecht.

Das siebend Capitel.

Von der erkennung vnd ausle=
gung / der gutten seyten / welche
auff die Instrument / mit schef=
fen seyten bezogen / dienen / als
Lauten / Geigen Leyrn / Psal=
ter / harffen / etc.

WEnn du ein gebündlin seiten auff thust
So nim die seit so lang sie habē must.
Nach dem Instrument recht abgemessen
Auch soltu (was folgt) nicht vergessen.
Sondern span sie mit den henden von ein
Vnd schlag darauff mit dem daumē allein
Also / das die seyt zittert vnd brummet
Darnach sih vleissig auff / was daraus kumet
Ja geringer widderscheinung ist /
Ja besser die seyt / das sag ich mit list.
Vnd ia grösser widderschlagung der seyt
So viel erger sie auffs Instrument steyt.
Denn eine falsche seyt / sag ich dir schlecht
Kan gar selten werden gestymmet recht.

Wie die

Wie die ausgelesen Seyten / ynn die sechs Chöre der Lauten / recht geteylet vnd auffgezogen werden.

1	Zum $\overline{G}$ nim eine grobe dicke Seth	$\overline{1}$	Γ ut
2	Das $\overline{C}$ etwas mit einer cleinern stet	j	C faut
3	Das $\mathfrak{f}$ noch cleiner vnd subtiler ist	2	F faut

Auch sag ich dir trewlich zu dieser frist.
Das zu eym yglichen gesagten Chor
Eine messig ynn der Octau ghor.

4	Das a mit zwen mittelmessigen stel	3	alamire

Vnd sie ym gleichen laut zuhauff gesel

5	Das d mach auch / wie ytzund ist vorzalt	4	dla

Doch das sie seyn einer cleinern gestalt

6	Auff das g gehört die aller cleinste	5	gsolveut

Welche ist vnter allen die reynste.
Vnd sol mit den messigen sein gantz recht
Sonst wirstu stymmen wie ein armer knecht
Dauon folget eine Figur gantz fein
Wie man damit sol kommen vberein.

Wie die Seyten erstlich auff die Lau= ten verordnet / vnd wie weit zwo Sey= ten yglichs Chors besonderlich / von= einander gezogen werden.

F

Auffzihung der Sexten.

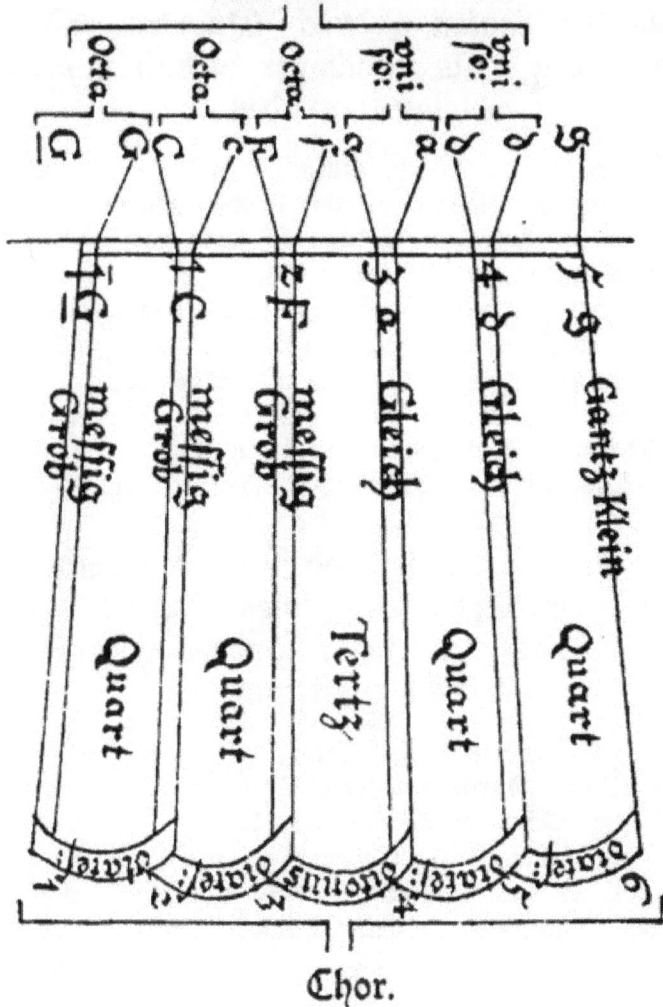

Octa. ꝺmi.fo:

Octa. ꝺmi.fo:

Octa. ꝺmi.fo:

G̅

C̅

F̅

c

a

d

g̅

1. G̅ meſſig Grob   Quart
2. C̅ meſſig Grob   Quart
3. a Gleich   Tertz
4. d Gleich   Quart
5. g̅ Gantz Klein   Quart

1   2   3   4   5   6

quart: quart: quartonius quart: quart:

Chor.

82

Wie die Lauten / durch Quarten vnd die Tertz / als itzund der brauch ist / gestymmet werden.

Zv vnsern zeiten die Lutinisten
Stymmen die Lauten mit solchen listen
Erstlich die auff dem g mus so hoch stan
Wie sie es vngerissen leiden kan.
D vom g / a vom d / die quart stymmet
f vom a eine gantz Tertz gewinnet.
C vom f / G vom C / die quart behelt
Also sind alle Seyten recht gestelt.
Welchs die ander figur fein leren thut
Merck es wol vnd behalts ynn deinem mut.

Ein ander / leichter vnd subtyler / denn die vorige art / die Seyten leichtlich / nicht durch Quarten / sondern Octauen recht zu stymmen.

WEil aber ein solch stymmen ist gantz schwer
Welchs durch quarten / Tertz / wird geübet mehr.
Vnd am aller meisten eym ler Jungen
Der sein lebtag nicht viel hat gesungen.
So wil ich eine leichter art melden
Durch Octauen / die feilet gantz selden.

Fij   Denn

83

Von ſtymmung der Lauten.

Denn ein Octaua iſt leichter vorwar
Als Quarten / Tertien / vnd Quinten zwar
Wie ein guter Senger bekennen mus
Dis ſey geſagt zu einem oberfluß.
    Nu folget die ſubtil vnd leichte art
Die Lauten zu ſtymmen zu diſſer fart.
1 Zeuch die auff dem g ſo hoch du mageſt. g 5
Das ſie nicht zureiſt / wenn du ſie ſchlageſt.
2 G gegriffen vom g los geſchlagen
Mus ein Octauen nidriger tragen.

3   G̅   G ein Octauam her.
4 Darnach   a̅ los vom a ein 8 herunter
5 zeuch das C̅ gegriffen c ein 8 herunter
6   d̅   D ein 8 hynauff.

Weiter darffſtu nicht ſorgen vnd frogen
Denn ſo ſind all Seyten recht gezogen.
Dauon folgt eine Figur gantz ſubtil
Nach der richte dich recht zu allem zil
Diſſe hat mir geſchanckt ein Meydlin fein
Zu yhr ſtet das gemüt vnd hertze mein.
Die Figur ſey dir geſchanckt ſo eben
Mein Meidlein wil mir noch viel mehr geben.

Folgt ein ſchöne figur / wie man die Seyten durch Octauen recht ſtymmet odder zeucht.

♔ * ♔ * ♔

e Seiten durch

			6		g
	los d:	ʃol ⚏	5		d
fa ⚏	das von diesem				
			4		a
		Oeta		Kor	Γ
			3		
	greif):	re ⚏			
vt ⚏			z		C
	6		1		Γ

Ein ander figur / wie die Sexten xliij

Der Lauten / durch Quarten vnd die Tertz /
werden gestymmet.   Hebe oben an.

1 los g.   fol   IIII Sechst 5

2 los d.   Quart: re fol   II   fünfft. 4

3 los a.   Quart: re la   II   vierd   3   Kor 2

4 los e.   Tertz: fa fa   II   drit   II 2

4 los F.   Quart: vt fa   II   ander   1

5 los C.   Quar: vt   II   Erst   1

6 los G.

Von dreierley art der Gei=
gen / vnd wie sie noch der
rechten vnd grundhaben=
den Tabelthur gezogen /
vnd recht zuhauffe gestim=
met werden.

Das Achte Capitel.

DIeweil ich von der Lauten hab geschwatzt
Vnd ein ander Tabelthur gesatzt.
Auff den Lauten hals behend gerichtet
So habe ich noch weiter getichtet.
Das ich möcht füglich disse Tabelthur
Auff die Geigen applicirn on auffrur.
Aber es wird also schlecht nicht hyn gan
Ich mus alhie auch eine fedder lan.
Wiewol ichs von den geschickten nicht wart
Sondern von losen hummeln vngelart.
Die nicht wissen was die ding bedeuten
Ymmer ynn sudwinckel mit den leuten
Was darff ich viel vnnützer wort machen
Sie mögen sich zu tod daran lachen.

Ich

Ich wil gleichwol brüderlich anzeigen
Eine schöne art von dreierley Geigen.
Vnd wie man die selben sol stymmen schlecht
Nach der Tabelthur gegründet recht.
Welche auff die kragen geschriben ist
Vnd auff die Geigen applicirt mit list.
Auch wil ich alhie nicht viel berüren
Wie du finger vnd bogen solt füren.
Sondern ich wil es sparen bis dahyn
So lange mir Gott mehr gibet ynn syn
So wil ich dirs gern mit teylen mit vleis
Vnd Gott alleine sagen lob vnd preis.
On welchen wir nichts mögen anheben.
Sondern seine gnad sey mit vns darneben.
So wil ichs ynn seym namen / heben an
Vnd mit seiner hülff brengen auff die ban.

Fiiij Wie

Wie die grossen Geigen gezogen vnd gestimmet werden.

1 Vornemlich der Discant auff den Geigen
Wird so hoch gestimmet wie ers kan leiden.
2 Darnach stym den Tenor noch dem Discant
3 Vnd den Bass. noch dem Tenor allzuhant.
Wie disse figurn klerlich zeygen an
Wie es zuuorstehn sey von ydermann.

Wie der Discant erstmals
für sich ynn sonderheit gestympt wird.

	1	d̄		d los / ym Subdiapa.
zeuch	2	f	gegriffen	f los ym Subdiapa.
zum	4	Ḡ	das	g los / ym Epadiapa.
	5	ā		a los / ym Subdiapa.

Also ist der Discant gezogen fein
Nu sih / wie sie zuhauff zustymmen sein.

Wie der Cenor noch dem

Discant / vnd der Baß. noch dem Tenor / gezogen vnd geſtympt werden.

Diſca.   Ten. Al.

1 g   g
2 d   ym Diſ.   d
3 a los / das a   ym Tenor los / in Vniſſono.
4 ꜯ   ꜯ

Zeuch 5 c ym Diſ. gegriffen / das C los ym Te-
Zu dem   nor / in Subdiapaſon

Te. Al. Baſſus.

6 g   g
7 d   d
8 a   los /   a ym Baß. los / in Vniſſono.
9 ꜯ ym Te. ꜯ
10 C   C
11 G gegriffen ym Tenor / Das G̅ los
     ym Baß. in Subdiapaſon.

NV darffſtu kein ſtymmen weiter treiben
Sondern las ſie alſo (wie berürt) bleiben.
Denn ſie ſind recht ynnander gezogen
Du magſt wol drauff ſtreichen mit dem bogen.

             ꜯ 5   Die

Ce	R	b	be	ge
D	G	h	e	a
De	Ge	c	f	b
E	a	ce	fe	h

Ten. Alt.

Diese los gilt

| C | F | a | b | g |

R	b	be	ge	ce
G	h	e	a	b
Ge	c	f	b	be
a	ce	fe	h	e f

Discan.

Diese los gilt

| F | a | b | g | c |

90

Ge	Ce	Fe	h	de	ge
A	D	G	h	e	a
B	De	Ge	c	f	h
h	E	a	ce	fe	h

Diefse los bedeüt

Baffus

| G | C | F | a | d | g |

Discantus.

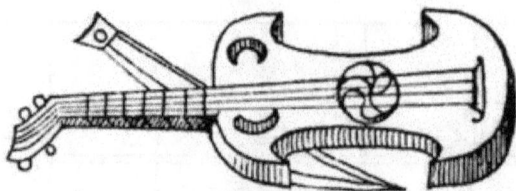

Altus.

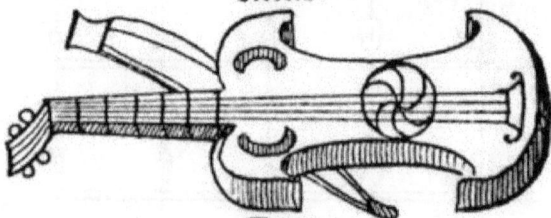

Tenor.

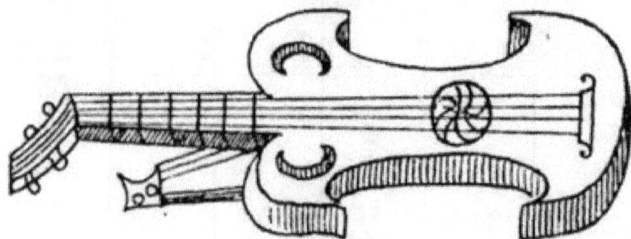

Bassus.

Die ander art auff gros-
se odder cleine Geigen /
welche allein mit vier Sey
ten erfunden / vnd wie sie
geftymmet follen werden.

Das Neunde Capitel.

Je folget von Geigen die ander art
Welche ich hab bis auff dismal gespart.
Die wil ich dich kürtzlich vnterrichten
Als einer dem es gebürt aus pflichten.
Mit dem ftymmen muft yhm also noch gan
Wie dirs ynn Figurn wird gezeyget an.
Zeuch auch den Discant vor allen dingen
Der Tenor fol noch dem Discant clingen.
Den Baff. zeuch noch dem Tenor / wie oben
So wil ich dich denn auch helffen loben.

Zeuch erstmal die öberste Seyt so hoch   ā
Das sie nicht mehr leiden kan einen zoch
So ftymme denn die andern / wie gemelt
Vnn dem Figürlein hie vnden geftelt.

Von der

Von der ſtymmung des Diſcantes allein.

2   c̄ gegriffen / das c los / in Subdiapaſon.

3   zeuch ā   a / in Subdiapa.
   zu dem
         los / das gegriffen

4   G   g / in Epidiapa.

Den Discant darffſtu weiter ſtymmen nicht
Sondern halt dich / wie du biſt vnterricht
Vnd ſtymme die andern ynn der gemeyn
Das ſie ym laut recht tragen vbereyn.
Welche die folgend Figur lernen thut.
Halt dich darnach / ſo wirſtus machen gut.

Von der zuhauff ſtymmung diſſer vier Geigen / ſihe an die nachgeſchrie-ben Figur.

Das Achte Capitel.

Diſca.		Te.	Al.

1   d̄ gegriffen ym Discant / Das d los ym
     Tenor / in Subdiapaſon.

2   ā   a ym Tenor los / in
                           Subdiapa.

3   f los ym Diſ. Das f ym te. los / in ſubd.

4   c   C ym te. los / in
   Zeuch zu   Subdiapa.
   dem

Te. Al.		Baſſus.

5   a   a ym Baſ. los in
                  Vniſſono.

6   f los ym Te. Das f ym Baſſ. los / in
                  Vniſſono.

7   C   C ym Baſſ. los in
                  Vniſſono.

8   G gegriffen ym tenor / Das Ḡ los ym
     Baſſ. in Subdiapaſon.

Nu darffſtu dich weiter nicht beſorgen
Sondern ich ſage dirs vnuerborgen.
Das ſie alle vier recht geſtympt ſein
Wie mich vnterricht hat das Meidlein fein.

Alhie lern / wie die buchſtaben der Cabelthur / auff den Geigen der andern art / mit vier Seyten bezogen / zwiſchen den Bündten zu greiffen ſind.

Wie die buchstaben der Tabelthur / zwischen den
Bündten zu greiffen sind.

Baſſus

Alt. Ten:

Diſcantus.

Dieße los gibt

Dieße los gibt

Dieße los gibt

Volget die dritte art von kleinen Geigen / wel=che nür mit dreien Seyten bezogen / vnd die quint
Voneinander geftymmet werden.

Das Zehend Capitel.

ES folget die dritte art der Geigen
Die foltu (radt ich) auch nicht vermeiden.
Sie find cleiner denn die vorigen geftalt
Auff yhn werden nur drey Seyten gezalt.
Vnd gemenlich one bünd erfunden
Jdoch fag ich dir zu diffen ftunden
Das es one bünd fchwer ift zu faffen
Darumb foltu das nicht faren laffen.
Sondern ob dich erft auff die bündifch art
So magftu darauff recht werden gelart.
Wiltu darnach die bünde nicht leiden
So magftu fie mit eim meffer weg fchneiden
Vnd geigen wie dirs ym hertzen gefelt
Jdoch merck vor / wie man die Seyten ftelt
l Zeuch erft die öberfte Seyt ym Discant   ā
So hoch / das fie nicht zureift allzuhant.
Wenn du nu gedenckft darauff zu fpielen
Vnd wilt mit dem bogen darnach zilen.

G   Die

Die ſtymmung des Diſ-
cants allein.

2   d̄   d los / in ſubdiapa.
    zeuch   gegrif-
    zum   fen das
3   g   G los / in ſubdiapa.

Nu iſt der Discant fur ſich gezogen
Du muſt aber noch viel weiter frogen.
Wie ſie nu alle viere ym hauffen
Mit dem ſtymmen recht vbereyn lauffen.

Von der zuhauffſtymmung / der vier
kleine Geigen / Sihe an die
nachfolgenden figur.

1 Stym erſt den Discant fur ſich alleine
2 Den Tenor nach dem Discant gantz reine.
3 Vnd den Baſſ noch dem Tenor du ſtelle
So haſtu ym ſtymmen recht gefelle.
Weiter ſoltu vleſſig darauff lugen
Was dir diſſe figur thut zu fugen.

Volget die zuhauffſtymmung.

Von zuhauffſtymmung der vier   l
kleinen Geigen.

Diſcan.   Te.   Al.

l   d   d ym te.   los / in vniſſ.
        ym Diſ. los / das
2   G   G ym te.   los in vniſſ.
3   c ym Diſ. gegriffen, Das C los
        ym Tenor in ſubdiapaſon.

Ten.   Al.   Baſſ.

 zeuch
zu dem
4   G   G ym Baſ. los in
        ym Te. los / Das   Vniſſono.
5   C   C ym Baſſ. los / in
                                    vniſſono.
6   f ym Tenor gegriffen / Das f los ym
        Baſſ. in Subdiapaſon.
Alſo iſt ygliche fur ſich geſtympt
Vnd alle vier zu hauffe / wie ſichs zimpt.
Auch ſoltu dich nicht ſere verwundern
Das ich vom Alt ſchreibe nichts beſondern.
Wie er zu den andern wird gezogen
Denn das ſage ich dir vngelogen.
Das der Alt vnd Tenor ſtets gleiche ſtan
Welchs ynn allen figurn wird gezeigt an.

**Volget die Scala odder Tabelthur /
auff die kleinen Geigen kragen der drit=
ten art / künſtlich appliciert.   Gij**

Scala auff die cleinen Geigen.

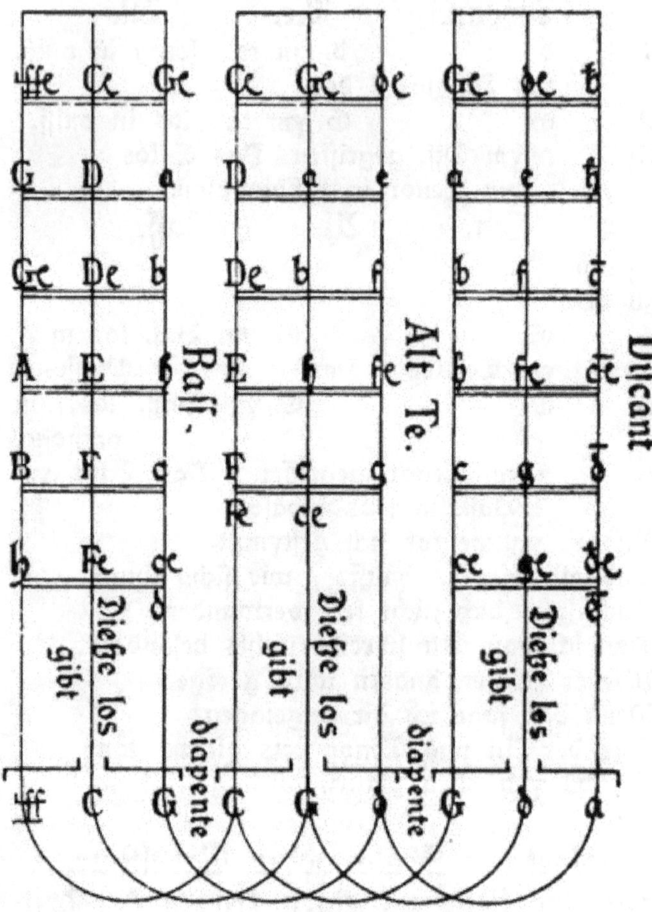

Wie ſichs gebürt recht zu Tabuliren auff allerley geigen / vnd andern Muſicaliſchen Inſtrumenten / auff welchen nur eine ſtymme gemacht wird.

Das Eylffte Capitel.

Wiltu auf Geigen abſetzen behend
    Odder ſonſt auff allerley Inſtrument.
Auff welchem man eine ſtim thut füren
So merck was ich ytzund werd berüren.
Du muſts nicht halden / wie oben geſatzt
Von der Orgel vnd der Lauten geſchwatzt.
Sondern es hat etwas ein ander art
Das wil ich dir zeigen auff diſſer fart.
Kanſtu ia noch den Noten nicht ſpilen
So thu billich noch diſſer ler zilen.
Vnd ſetz ygliche ſtym beſonderlich
Aus dem geſang ynn buchſtaben zymlich
Das ein yderman fur ſich mag legen
Eine ſtym / wie ichs ytzt wil zegen.
Jdoch deucht michs viel beſſer geroten
Das man ſolchs gebraucht noch den Noten.

                      G iij So

Das zehend Capitel.

So darff man der müh vnd arbeit gar nicht
Welche durch das absetzen geschicht
Wer vorstendig ist / der mag es fassen
Den groben knollen wirts nicht sein zu massen.

Vier kleine Geigen mit bünden / vnd mit dreien Seyten.

Discantus.

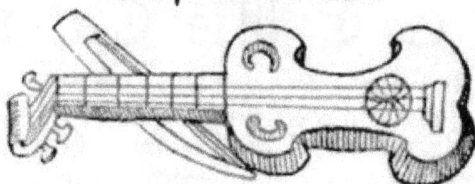

Altus.

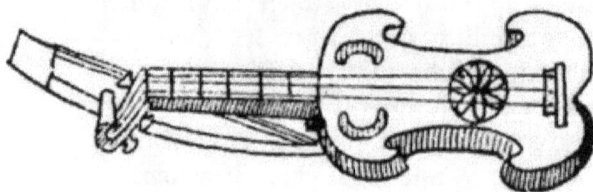

Tenor.

Bassus.

Volget ein Tabelthur / aus den No=
ten ynn die buchstaben gesatzt / Vnd
dienet auff allerley eynstymmige
Instrument. G iiij

Tabelthur auff alle eynstymmige
Instrument.

BAS.

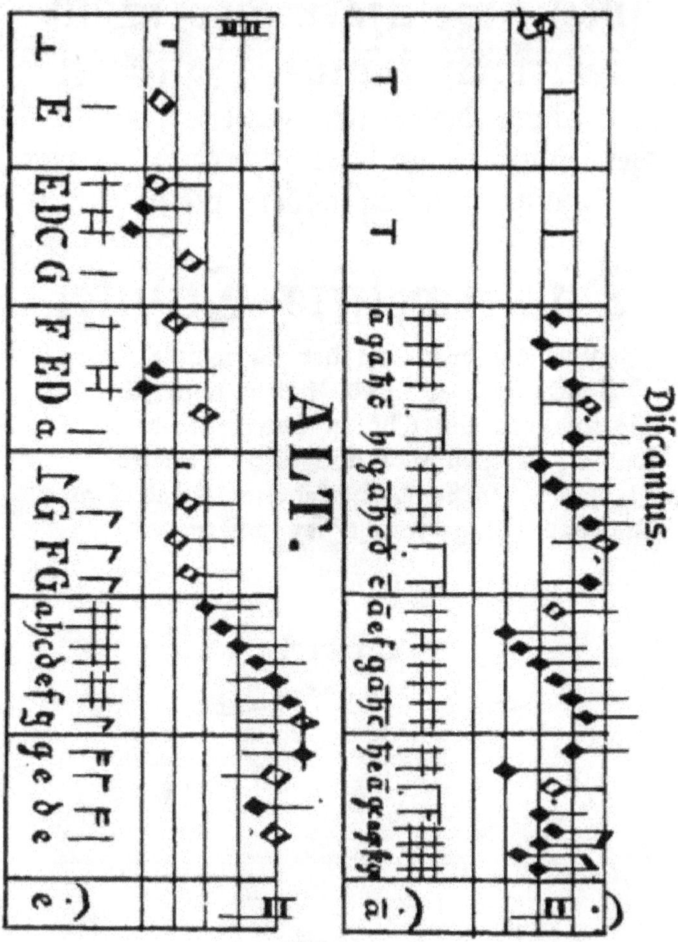
ALT.
Discantus.

Die dritte art der Seyten spiel / welche wider schlüssel noch bünde / sondern

viel Chöre der Seiten haben / auff welchen man / eine / zwo / drey odder vier stymmen machen odder spielen kan.

Das zwelffte Capitel.

VOlget die dritte art der Seytenspiel
Welche widder bünde haben noch zil.
Sie sind nur mit Chören vnterscheiden
Du solt sie gleichwol auch nicht vermeiden.
Als sein / Harffen / Hackebreter / vnd Psalter
Die man ytzt gebraucht bey vnserm alter.

Hackebreth.

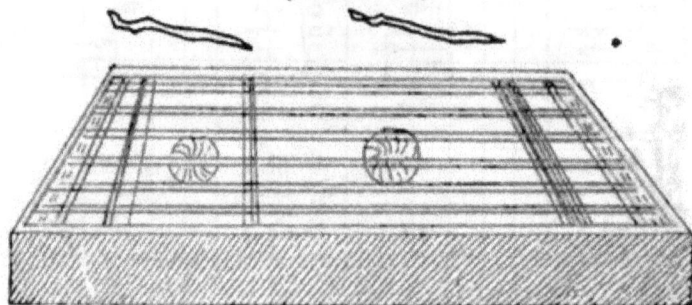

Die Tabelthur auff die Harffen liij appliciert.

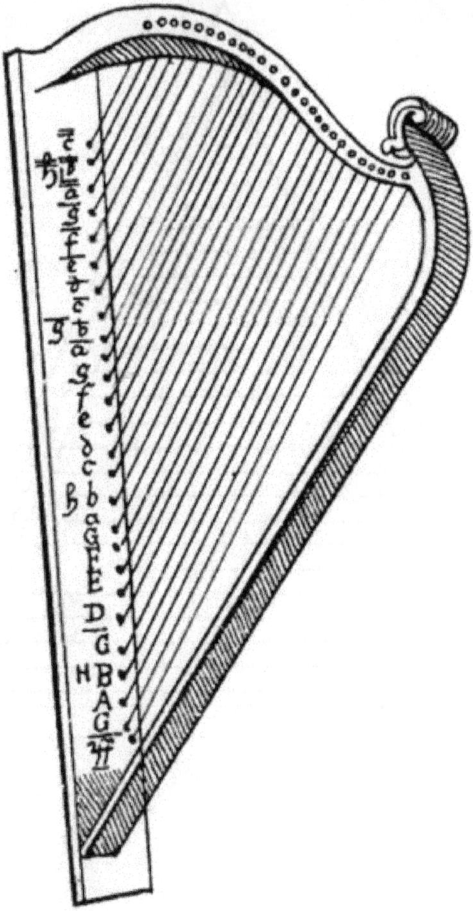

Die Tabelthur auffs Psalterium applicirt.

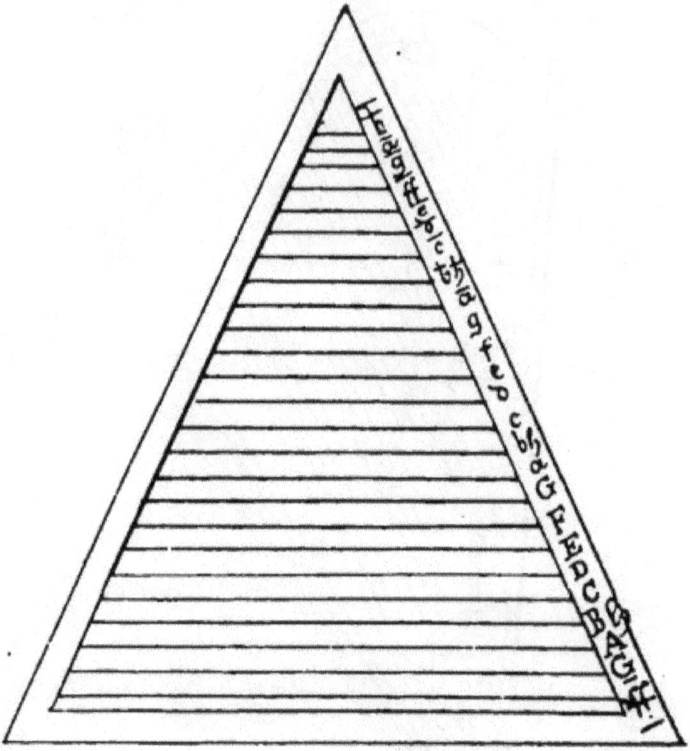

Volget die vierde art der Seytenspiel / welche auch keine schlüssel noch bünde sondern einen / zwen / oder drey Chör der Seyten haben.

Das. xiij. Capitel.

DJe Vierd art der Seitenspil / sag ich dir
 Haben auch widder bünde / noch Clauir.
Sondern mit eym / zwen / vnd dreien Chören
Thut man sie ytzund gemeynlich spören.
Als sein / clein Geigen / auch meyn ichs Crumscheit
Welchs lang ist / ydoch nicht alzu breit
Auch höre du mich ynn dissen gaben
Dieweil sie kein abmessung haben.
Ist yhr gebrauch gantz schwerlich zu fassen
Allein durch gros vbung / on all massen.
Jdoch sie wol bünde haben mögen
Wenn man daruff lernen wil mit den zögen.
Wiltu sie (wenn du es kanst) nicht leiden
So thu sie mit eym messer weg schneiden.
Wie von den cleinen Geigen wird vorzalt
Auch sih / wie sie hy vnden sein gestalt.

Vier

Vier kleine Geigen one bünde / vnd mit dreien Seyten.

Discantus.

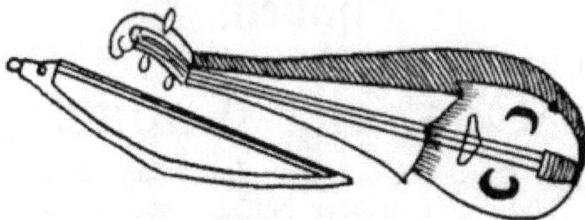

Altus.

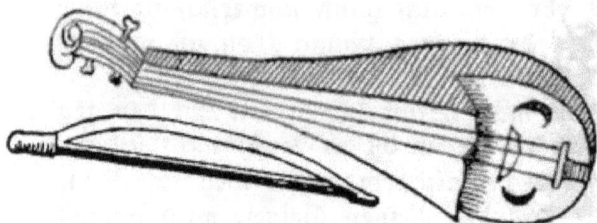

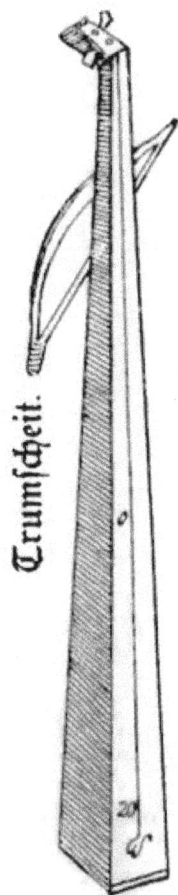

Trumſcheit.

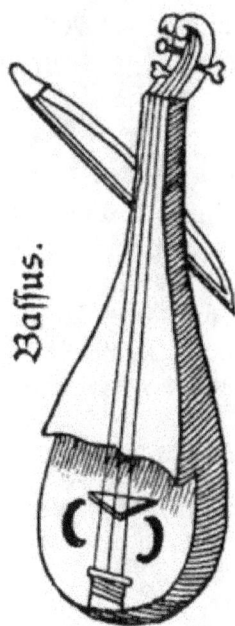

Baſſus.

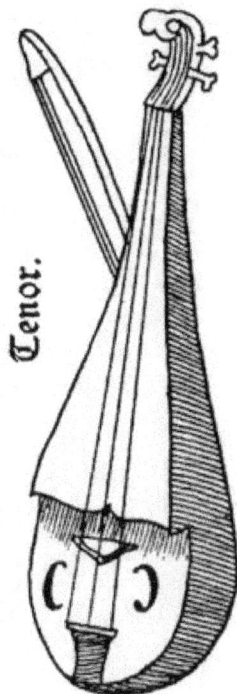

Tenor.

Volgt das drit geschlecht

der Musicalischen Instrument / wel=
chs seine Melodey / wider durch Pfeif=
fen noch Seyten / sondern durch klin=
gend ertzt / wie volgt / gewürckt wird.

Das vierzehend Cap.

DAs drit geschlecht ist / aller Instrument
Die von Metall gemacht werden behent.
Vnd ander Materia die klinget
Wie ein Hammer auff dem Anpos singet
Als sind / Zimbeln / Strofidelen / Glocklein
Vnd ander Instrument / die yhn gleich sein.

Anpos mit Hemmern.

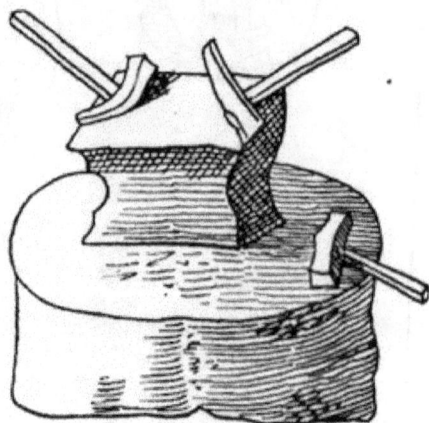

112

Wie der Pytagoras et=
liche Interualla / als ſind / Octaua /
Quinta / Quarta / Vniſſonus /
von hemmern auff den anpos
geſchlagen / durch die Pro=
portiones abgewogen /
vnd gegen einander ge=
ſchaͤtz hat.

Allhie iſts auch nicht ſeher vbel gethan
   Dieweil die vier hemmer darunden ſtan.
Das etwas mehr dauon wird geſchriben
Was Pytagoras hat mit getriben.
Welcher einmal gieng ynn eins Schmides haus
Da hoͤrt er die hemmer gehen ym praus.
Sie wurden auff den anpos geſchlagen
Vnd das thet yhm ſere wol behagen.
1 Den erſten vnd vierden lis er wegen
Die theten yhm ein Octauam zegen.
·Denn der erſt ward noch ſo ſchwer geſpoͤret
Als der vierd / wenn er ward auff geboͤret
2 Darnach wug er zuhauff als vmb ein har
Den erſten vnd dritten hammer furwar.
Der erſte was anderthalb mal ſchwerer
Als der drit / wie vns ſagen die lerer.
Von dieſen ward gehoͤrt ein ſolcher laut

                             H   Welchs

Welchs ym gsang / durch ein Quint wird bedeut
3 Auch ward der erst mit dem andern geschatzt.
Vnd ein sesquitertz vonander gesatzt
Welche beyd hemmer zuhauff klungen
Wie sonst eine quarta wird gesungen.
4 Weiter ist der ander vom dritten zwar
Nnn der sesquioctaff geschatzt furwar.
Nhr laut ward ein gantze secund erkant
Vnd wird ym gesange tonus genant.
    Also sein aus den hemmern erfunden
Octaff / Quint / Quart / Tonus / zu den stunden.
Auch schreibe ich das von mir selber nicht
Sondern die bücher han michs vnterricht.
Welche geschriben haben die Alten
Den müs wir (ists müglich) glauben halten.
Von diesem sih an die folgend gestalt
Da sichstus klerer als es ist vorzalt.

Pytagoras weget die hemmer mit
einander one stil / vnd merckt / wie viel
einer schwerer denn der ander ist / auch
was vor resonantz daraus entspringt.

Pytagoras.

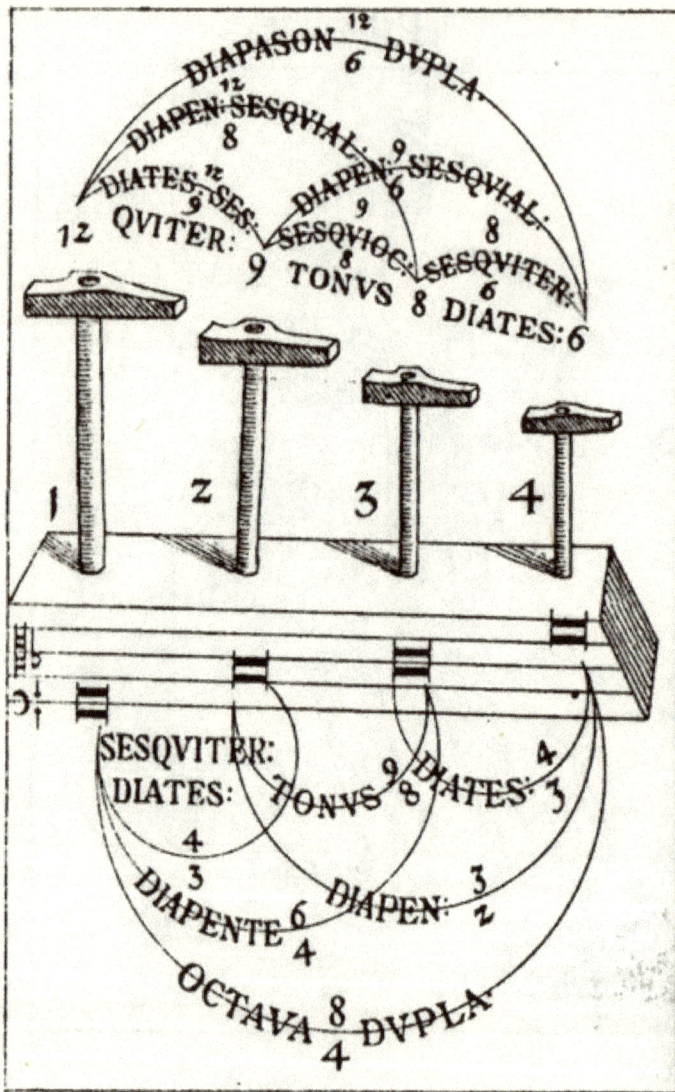

DIAPASON 12 6 DVPLA

DIAPEN·SESQVIAL· 12 8 9 SESQVIAL·

DIATES· 12 SES· DIAPEN· 6 SESQVIAL·
9 9 9
12 QVITER: SESQVIOC· 8 SESQVITER:
8 6
9 TONVS 8 DIATES: 6

1   z   3   4

SESQVITER:
DIATES: TONVS 9 DIATES 4
8   3
4
3   DIAPEN· 3
DIAPENTE 6   2
4

OCTAVA 8 DVPLA
4

Zimbeln.

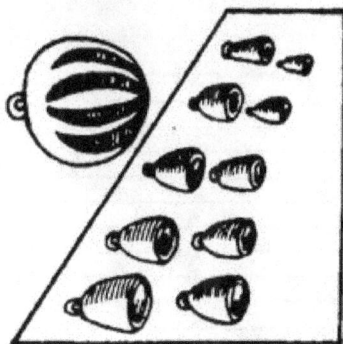

Gloden.

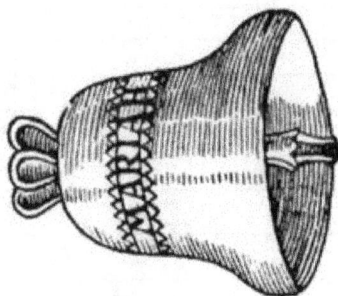

v iij

117.

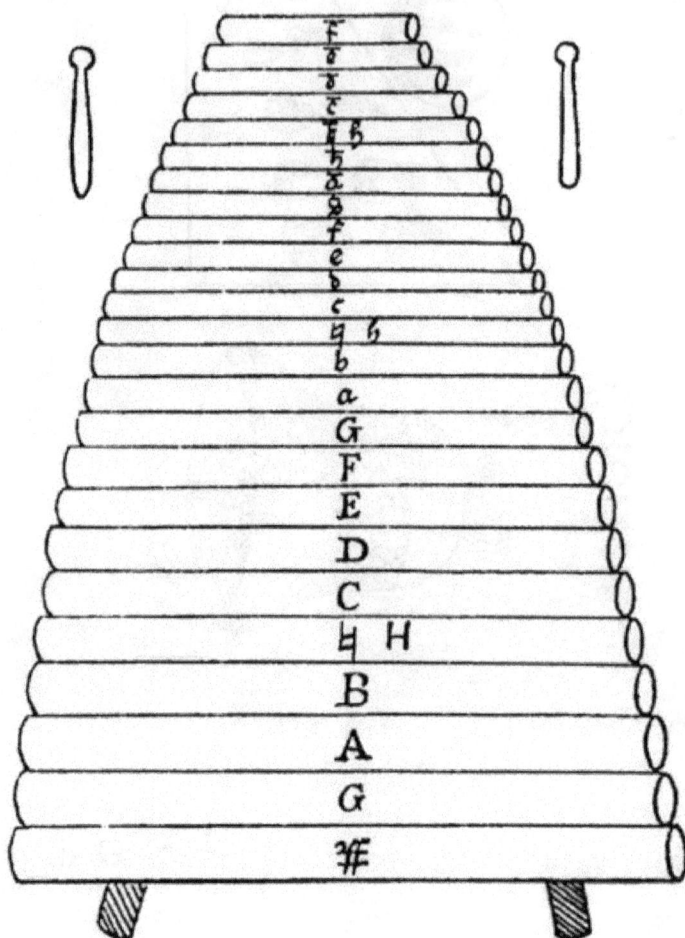

Alhie stehet die Scala odder Tabelthur
auff die Stro Fidel geappliciert.

Beschlus dis Büchleins.

JCh hab erstlich ynn der vorrede kürtzlich angezeiget / was mich am meisten verursacht hat
dis büchlein zuschreiben vnd durch den druck zu-
verfertigen / nemlich / das der iugent vnd allen
andern / so erstlich auff Pfeiffen / Geigen / Lauten /
Harffen vnd andern Jnstrumenten zu lernen wil-
lens / ein kurtze deudliche weis / form vnd recht-
schaffene art / auffs einfeltigest würde fur gestel-
let. Damit sie auch auff Jnstrumenten leichtlich
vnd künstreich vnterricht würden / gleich wie sie
zuuor ynn meinem ersten büchlein der Musica leicht
lich vnd artig zu singen gelernet sein / Jst derhalben mein vleissige bit vnd beger an die iugent vnd
andere / So erstlich auff Jnstrumenten zu lernen
anfahen / sie wollen yhn dis buchlein lassen beuo-
len sein / zu eim geschenck annemen vnd vleissig ler=
nen / welchs yhn / sonder zweiwel / zu mercklichem
nutz vnd fromen gedeyen wird. Jch wil auch hie
vleissig vnd freundlich gebeten vnd vermanet haben alle namhafftige Musicos vnd solcher kunst
erfarne / sie wöllen ynn Christlicher meynung diese
edle kunst yhren nehisten zu nutz herfur an tag zubringen müglichen vleis furwenden / damit Gott
gelobet vnd gepreiset möchte werden ynn ewigkeit
AMEN.

Gedruckt zu Wittemberg
durch Georgen Rhaw.
M. D. xxix.

Musica Instrumentalis Deudsch /

darin das fundament
vnd application der finger vnd zungen/
auff mancherley Pfeiffen / als Flöten /
Kromphörner / Zincken / Bomhard / Schal
meyen / Sackpfeiffen vnd Schweitzerpfeiffen / etc. Darzu von dreierley Geigen / als
Welschen / Polisschen / vnd kleinen hand-
geiglein / vnd wie die griffe drauff / auch
auff Lauten künstlich abgemessen werden / Item vom Monochordo / auch von
künstlicher stimmung der Orgelpfeiffen /
vnd zimbeln / etc. kürtzlich begriffen /
vnd für vnser Schulkinder vnd
andere gmeine Senger / auffs
verstendlichst vnd ein-
feltigst / itzund new-
lich zugericht /
Durch

Martinum Agricolam.

Anno Domini / 1545.

Fraw Musica.

Dem erſamen vnd wey
ſen herrn Georgio Rhaw /
Buchdrücker / vorweſer vnd
fürderer der edlen fraw Muſi=
ces / zu Wittemberg / meinem
groſſgönſtigen lieben herrn
vnd Patron / wündſch
ich Martinus Shor
odder Agri=
cola /
Gnad vnd fried von Gott.

RSamer vnd Exordium.
groſgönſtiger herr
Georg Rhaw / jhr
wiſſet das ich euch
in kurtz vergangen
zeiten / mir etliche Inſtrumen=
tiſſche geſenge odder exercitia
zudrücken / angelanget / vnd ei
ne gutte antwort / darinn ewr
gutter wille vnd radt mir jnn
A ij   ſolcher

123

solcher sache zu dienen ange=
zeigt / empfangen hab / So kan
ich euch weiter mein meinung

Prima edi
tionis ra·
tio. nicht bergen. Erstlich / dieweil
ich bey euch zu Wittemberg
auch jnn vnser löblichen schul /
viel feiner junger knaben vnd
gesellen spüre / die sich (welchs
mir hertzlich wol gefelt) jnn
den andern Musicis actiuis /
als in Plana vnd Mensurata /
weidlich tummeln vnd geschi=
ckt werden / von welcher vnser
Schule wegen / dieweil alle an
dere Schulen fast im gantz
Sachssner lande etc / jtzund
mit Schulmeistern / Cantori·
bus / Baccalaurien / auch Ste
dte vnd Dörffer mit Predican
ten offtmals daraus gespeist
vnd versorget werden / ein Er·
bar Radt von Magdeburg
nicht

nicht ein geringe lob vnd gut
geschrey jnn allen landen vberkomen hat.   Zum andern las
ich mich bedüncken / das die
Jnstrumentalis / welche ich
für 16. jarn hab lassen ausgehen / den knaben an etlichen
örtern zutunckel vnd schwer zu
verstehen ist.   Auff das ich jhn
nu jnn solcher edlen kunst / nem
lich in der Jnstrumental / nach
meinem vermögen weiter die=
nen möchte / Welche denn die
sie wissen / viel vnnützer specu-
lation / fantasey vnd gedancken
aus dem kopffe wegtreibt / vnd
merckliche recreation vnd erlü=
stigung (wie ichs erfarn hab)
gebirt.   Auch furnemlich das
sie Gott / der diese liebliche vnd
fröliche kunst / mit welcher jhn
auch die heiligen Engel / wie

A iij   Apocalip.

Jngens /
Magde-
burgensis
Senatus /
commenda
tio.

Altera edi-
tionis cau-
sa.
  Anno 1529.

Singulas
iucnndissi-
me huius
discipline /
virtutes ?
quis recen-
sere queat.

Vorrhede.

Apocali. 4.
Esaie 6.

Apocalip. geschrieben steth /
ohn vnterlas loben vnd zu ewi
gen zeiten preisen werden / vns
betrübten vnd elenden mensch
en auff diesem jammertal / jhn
darmit zu loben gegeben hat /
auff mancherley Musicalische
weise / als nemlich mit singen /
Pfeiffen / vnd Seitenspiel / wie
der Königliche Prophet Da=
uid / auch Moses / Salomon /
etc. / loben möchten / hab ichs
von wegen jtzt gesagten vrsa-
chen nicht allein nützlich / son=
dern auch nötlich geacht / eine
andere Instrumentalem von
mancherley Instrumenten fein
deudlich auffs einfeltigst vnd
verstendlichst / für vnser schulkinder vnd andere die es bege-
ren / zu zurichten / vnd für den
obgesagten gesengen / welche
sönderlich

ſönderlich vnd mit vleis nach
Jnſtrumentiſcher art gemacht ſein / jnn druck zu geben /
vnd darnach / wo ſichs ſchick-
en wil / gedencke ich die jtzt ge-
ſagten exercitia auch drücken
zu laſſen. Wiewol / mein lieber
herr Georg Rhaw / mich etzliche / welche die Jnſtrumenta-
lem / vnd mich jhrenthalben /
auch ſonſt one grund vnd vr-
ſache ſchendlich verachtet haben / ſchier von meinem forge-
nomen vnd nützlichem ſchreiben hetten abgeſchreckt. Jdoch
gedacht ich zu letzt / ſihe / dieweil ſie ſo klöſterlich / da man
gantz beſchawlich lebet / vnd
on alle Muſicaliſche Jnſtru-
ment / allein Choraliter dahin
ſinget / von der ſache reden / vnd
villeicht nichts ſonderlichs von
A iiij   dieſer

dieſer edlen kunſt verſtehen / ſo
magſtus auff dis mal jhn zu
gute halten / du wilt nicht jhn /

Salomon.
Moſes.
Dauid.
Eliſeus.
Joſue 6.
Job 21.
Epheſ. 5.
Colloſſ. 5.
Num. 10.
etc.

ſondern dem Moſi / Dauidi /
vnd vielen andern trefflichen
leuten volgen / welche gantz
viel (wie der Pſalter / etc. aus=
weiſt) daruon gehalten / vnd
vns auff allerley weiſe Gott zu
loben / exempel furgeſtelt / vnd
nach ſich gelaſſen haben. Des
gleichen jtzund bey vnſern zei=
ten neben vielen andern D. D.
Mart. Lut. (Gott ſey bey ihm /
vnd friſte jhn lang geſund)
auch thut. So bin ich jnn
ſolchem meinem guten / vnd der
ſchulkindern nützlichem fur=
nemen / nichts deſteweniger
fortgefaren / Es mag komen
wie es kan / Jch weis doch
wol / das / wer viel leuten dienet
einem

einem jedern nicht zu dancke
handeln kan / es mus aber darumb nicht nachgelaſſen ſein.
Aber du verachter / ſich dich
gleichwol fur / mein pferd
ſchlegt dich widder. Welche
Muſicam Inſtrumentalem ich   Dedicatio
libelluli.
euch als meinem gönſtigen lieben herrn vnd ſönderlichem guten freunde vnd fürderer / allhie zuſchicke / als einem der nicht ein geringer mithelffer iſt /
in dem / das die edel fraw Muſica / mit aller zugehörung   s. m.
gantz klar / verſtendlich vnd
fein geſchmückt / herfür an den
tag kömpt. Auffs freundlichſt
bittend / jhr wolt ſie erſtlich jnn
ewrer drückerey auffs vleiſſigſt
drücken / vnd darnach / wie die
vorigen beide / euch auch zuge
ſchrieben vnd jnn ewrn ſchutz /
A v   als

Vorrhede.

als meinem lieben Patron / be=
fohlen sein laſſen / vnd mich /
wo es von nöten sein würde /
für den Verechtern / welcher /
wiewol ſie ſelber entzwer ni=
chts wiſſen / odder nichts jnn
ſolcher nötlichen ſachen helf=
fen wöllen / jtzunder viel ge=
ſpürt werden / gleichſam ein
trefflicher ſtarcker mit ſolcher
kunſt gewapenter / beſchützen
vnd verteidigen helffen. Sol=
chs vmb euch als meinen gön
ſtigen lieben herrn vnd Pa=
tron / mit welchem ich / wie=
wol perſönlich alle meine tage
noch nichts / jdoch durch brie=
ffe viel jnn freundſchafft vnd
kundſchafft geredt habe / wid
derumb zuuerdienen / bin ich
alzeit willig vnd gneigt. Dar=
mit ſeit Gott mit ſampt den
ewrn

Epilogus.

ewrn vnd den seinen / vnter wel
chen ich auch bin / befohlen.
Datum zu Magdeburg / jnn
des Ersamen vnd weysen Her
rn Heinrich Ahlmans hause /
bey welchem ich eine lange zeit
haus gehalten / vnd mir viel
guts von jhm widderfarn ist /
welchs ich mich allzeit gegen
jhm / vnd allen andern die mir
guts gethan / gantz freundlich
bedancke / vnd Gott geb jhm /
euch / vnd ons allen nach die=
sem vergenglichen / das e=
wige leben / Amen.
Anno Domini /
1545. Am
14. tage
Apri=
lis.

Mart. Agricola.
E. W. A.

Das Buch zum Leſer.

MEin lieber leſer hör mir zu   M
    Viel guts ich dir wil radten nu / V
So dir gefelt das frewlein zart   S
Ich mein auff Inſtrumentiſch art   J
Clar / ſchön geſchmückt das Muſicklein C
Ach ſo kom / laß mich dir bfohln ſein. A

Martinus Sore.

Mich deuchts warlich zu dieſer friſt   M
Alles was alhie gedruckt iſt   A
Reichlich mit figurn / wie ſie gnant   R
Teth keiner ſchreiben mit der hand   C
Ja wenn man zwen Taler geb dar   J
Nem ers doch nicht / weis ich fur war N
Viel weniger ein maler gut   V
Solche figurn drümb malen thut.   S.

  Sintmal dis Büchlein wenig ſteht   S
On alle dein mühe zubereit   O
Recht hübſch vnd deudlich dar geſtelt R
Ey / ſo keuffs vmb ſolch gering gelt. E.

Das erste Capitel von 7 mancherley Pfeiffen / als Flöten / Kromphörnern / Zincken / Bomhart / Schalmeyen / Sackpfeiffen / queerpfeiffen etc. vnd der zungen application.

Vorrhede.

FVr allen dingen ist mein radt
So du den grund wilt fassen drath
Darzu die Noten recht greiffen
Auff den oben genanten Pfeiffen /
Das du zimlich lernst singen
Als dann wird dirs wol gelingen.
Inn deim studirn gleub mir furwar
Ich weis es / drumb ichs reden thar /
Nicht allein auff den Pfeiffen gnent
Sondern auff allen Instrument
Die itzt gebreuchlich auff Erden
Odder noch erfunden werden
Wo ein Leeriung nicht singen kan
Wird er nicht viel bringen daruan

Scopus singulorū Instrumē torum Musicalium.

Inn

133

Vorrhede.

Jnn der kunst schwerlich bekleiben
Sondern wird ein hümpler bleiben.

    Drumb lern singen du kneblein klein
Itzund jnn den jungen jarn dein
Recht nach Musicalischer art
Las aber keinen vleis gespart /
Jn Schulen kanstus leichtlich thun
Da geht die kunst im schwange nun /
Und wird tradiret frü vnd spot
Ja also das sie geht umb brot /
Auch beut sie sich jederman an
Und wenig komen auff den plan
Sie von hertzen zu vmbfangen
Vnd mit jhr frölich zuprangen /
Darumb wenn ein ding zu gmein wird
So wirdts veracht / wie ichs gespürt.

    Wer aber diß edle kunst sey
Das wil ich dir anzeigen frey

f. M. Fraw Musica wird sie recht gnandt
In allen Landen wolbekandt /
Bey Keisern, Königen vnd Herrn

Musice na Mus sie viel armer gselln ernern
tura.
Cantores vnd Trommeter gut
Pfeiffer / Geiger helt sie jn hut /
Peucker / auch die Lautenschleger
Organisten / Harffenpfleger /
Und viel dergleichen / merck eben
Müssen all jhrer gnad leben.

    Ja ich sag das zu dieser fart
f. M. Das mir für diesem Frewlein zart

                    Nie keine

Nie keine besser gefallen
Drumb sie mir die liebst für allen /
Vnd hett ich / wie jtzt die knaben
Solch gelegenheit mögen haben
Für zeiten jnn der jugend brunst
Ich hett anders braucht dieser kunst
Dann jtzund thun viel Schul kinder
Die da hin gehn wie die Rinder /
Vnd nemen sich jhrer nichts an
Kundtens doch thun / mit spielen gan
Das sie etwas drinn studirten
Vnd sich selber nicht verfürten.
Weil sie diese kunst verachten
Vnd jhren nutz nicht betrachten
So bleiben sie die gröbsten knolln
Als die tölpischen acker trolln /
Vnd singen wie der Esel pflegt
Wenn er die seck zur Mülen tregt /
Odder wie sich singend beweist
Die Nachtgall welch die küw erbeist.

Drumb weil sie also farn dahin
Ist zu letzt schand vnd spot jhr gwin /
Nicht von andern leuten allein
Sondern auch sie sich selber verspeyn
Wenn sie komen zu jhren jarn
Vnd solchs durch die vernunfft erfarn /
Wie ichs von manchem hab gehort
Der sein iugendt also vertordt /
Sagend / Pfw mich / es ist ein schand
Das ich mein zeit so hab angwand
Vnd

Ab incunabulis sola hec nobilissima mihi cöplacuit.

Penitentia intempestina.

135

Vorrhede.

Vnd nichts im gesang studiret
Jch hab mich selber verfüret /
Jch geb viel drumb zu dieser stund
Das ich doch etwas singen kund.

Jch wolt mich jnn Schuln gern brauchn lan
Jch spür / das ich nicht singen kan /
Dan ich schem mich / das die knaben
Mehr verstands / denn ich / drinn haben /
Zum Schulmeister kan ich nicht gdein
Baccalaurius auch nicht sein /
Zum Cantor bin ich viel zuschlecht
Zum Cappelan ein grober knecht /
Zur Küsterey wolt man mich bringen
Wenn ich nur etwas künd singen /
Zun Jnstrumenten hett ich wol lust
So ist mir der gsang nichts bewust /
Jch kom offt zu gesellen gut
Die haben ein frölichen mut
Mit singen pfeiffen vnd geigen
Vnd sonst sich frölich erzeigen /
So bin ich wie ein stumme seul
Odder wie vntern vogeln die Ewl /
Jch werd verspot / vnd ist billich
Derhalben ich mus schemen mich
Zusagen öffentlich fur jhn
Das ich je jnd Schul gangen bin.

Ach toll war ich jnn der jugent
Das ich nicht betrachte die tugent
Der edlen Music hübsch vnd zart
Es ist mein schuld / zu dieser fart.

O Jugend

O Jugend Jugend / werstu klug
für dich man geb nicht goldes gnug
Ja man künd dich bezalen nicht
Drumb knab gedenck an solch geschicht /
Vnd brauch wol deiner iungen jar
Es rewt dich nicht / gleub mir furwar.
  Vnd gmeinlich die groben Pultron
Welche vom gsange nichts verstan
Wenn sie nu komen zur Callaz
Kan niemand für jhn haben platz
Achten nicht wie es jmmer gehe
Leiden mus sich das hebdehe /
Welchs ist jhr beste Coloratur
Die sie können bringen herfur /
Vnd laut ihr gesang fast so schlim
Wie hinden eines Esels stim /
Jdoch ich hab wol ehr gehort
Also lautende ein sprichwort /
    Wer nicht singen kan
    Wil jmmer heben an
    Vnd wer viel weis daruon
    Lests gmeinlich anstan.
Wenn ich hör solch vnnütz klagen
Das sie nu erst darnach fragen /
So denck ich flucks in meinem sin
Wenn sie nerrisch reden von jhn /
Woltestu nicht jnn der iugend
Lernen gute künst vnd tugend
So bleib ein Esel nu furtan
Wie du narr hast gfangen an /

Ludere qui nescit / campestribus abstinet armis.

B   Hastu

Vorrhede.

Hastu die Music nicht begert
So bistu jhrer jtzt nicht wert /
Haw hin / es ist zulang gehart
Du hasts jnn der jugend vernart.

Amplifica
tio.

Vnd gmeinlich die reichen knaben /
Zu solcher kunst nicht lust haben
Dann sie stetz pochen auff jhr gelt
Wie die gewonheit ist der welt /

1. Timot. 6
Pecunie stu
dium om-
nium ma-
lorum ra-
dix.

Welche die künste stets veracht
Vnd nur auff jhren Mammon tracht /
Wens schon geschicht mits nechsten schad
So wil sie doch jns Teuffels bad.

Expertus
loquor.

Aber las dir das gesagt sein
Ich bin nicht der eldisten ein /
Dennoch hab ichs offtmals erfarn
Drumb wil ich der warheit nicht sparn /
Nemlich das manch stoltz reicher man
Einen solch grossen fall gwan /
Der gold mocht tragen auff seim kopff
Zu letzt ward so ein armer tropff /
Das er auffstund / entlieff mit schand
Packte sich heimlich aus dem land /
Odder must sunst leiden armut

Male que-
sit / male
perdit.

Da verzert war alle sein gut
Wust er so viel nicht / sag ich frey
Zuuerhegen eine küstrey /
Ich geschweig denn was besser wer
So gehts wenn der beutel lehr
Vnd keine kunst verhanden ist
Ist verlohrn alle hinderlist /

Mache

138

Mache es wie du jmmer wilt
Es ist doch all practick verspilt /
Fehlt dirs an geld vnd kanst kein kunst
So sein deine anschleg vmb sunst /
Du wirst wol ein bettler bleiben
Du woltst denn schwer arbeit treiben
So möcht dir etwas gelingen /
Doch wirstu nicht frölich singen
Wie du wol offtmals hast gethan
Als du noch warst ein reicher man.

Ich mus ein Histori sagen
Von eim Landsknecht / las dirs bhagen
Der all sein geld hatte verzert
Jnn frembden landen sich ernert /
Vnd solt noch weiter reisen hin
Er gedacht fast jnn seinem sin
Was sol ich doch nu anheben
Das ich mag fristen mein leben?
Das geld ist weg / ich weis kein radt
Jdoch bedacht er sich gar drath /
Sol ich betteln das thut mir andt
Die Pawrn geben nicht hie zulandt /
Die Garde dient nicht zur sachen
Ey / ich mus es anders machen /
Auch das ich hie verderbe nicht
Gar bald er den sinn dahin richt /
Sihe ich kan noch ein edel kunst
Damit ich wil erlangen gunst
Nemlich / die wird Musica gnant
Bald kriegt er die Laute zurhand

De Millte
qnodā Historia.

F. M.

B ij   Vnd

Vorrhede.

De quo v de Gell. li. 18. noctiů atticarum.

Und ſpielet nach Arions art
Friſch vnd freidig zur ſelben fart /
Da hatte er fürder kein not
Dann er durfte nicht gehn vmb brod /
Summa / ſie halff jhm aus dem land
Darinn er war gantz vnbekand.

Anno 1544.

Vnd iſt geſchehn jnn dieſem jar
Auch wie man mir ſagt furwar
Ein Edelman der ſelb ſein ſol
Schlywen / den viel leut kennen wol.

Muſice gra tiarum a. ctio.

Drumb liebe Muſick habe danck
Das du mit deinem ſüſſen klang
Manchen armen gſelln ernereſt
Hunger / kummer von jhm kereſt /
Daran gedenckt jhr kneblein klein
Vnd laſts ſie euch befohlen ſein.

Dann gelt vnd gut iſt bald verzert
Aber ehr vnd kunſt ewig wert
So lang wir auff erden leben

Ad diuitu adolescentes adhortatio.

Drumb du reicher knab merck eben
Vnd verſorg dich jnn der jugend
Mit guten künſten vnd tugend /
Das du (wie der Cato thut lern)
Dein dürfftigs leben magſt ernern
Wenn dein gros gut all iſt worden
Das nicht kompſt jnn bettler orden.

Tetraſtichon cuiuſdam Poetae.

Diuitiae pereunt, pereunt ingentia tecta,
Et pereunt aurum, purpuia, ueſtis, ebur,

Sola

Sola immortalis Musarum gloria uiuit
Nullae illam uires / nulla senecta domat.

Das sey verzalt euch knaben reich   Conclusio.
Dann ich mus warlich sagen euch
Dieweil ich bin ewr preceptor
Vnd teglich ewren vnsleis spör
Jnn der Schul geschichts alda
Sönderlich jnn der Musica /   Musica om
Welche doch die fürnemest ist   nium alia-
Vnter den freien künsten gwis   rum artiũ
Wie gnugsam zeugen die alten   liberaliũ /
Die solche für Götter ghalten   antiquissi-
Welche darinn erfahrn gwesen   ma et iu-
Wie wir vom Arion lesen   cundissima.
Vom Orpheo vnd andern viel
Darumb hab achtung auff dein spiel /
Das du im alter beklagst nicht
Deiner nerrschen jugend geschicht.
   Ich habe wunder vernomen
Wenn sie gen Wittemberg kommen
Vnd sonst zur Vniuersitet
Wie es jhn bey der Burse geht /
Welche / wenn sie zu Tissche gan
Odder widder dar von auffstan /
Sich üben frölich im singen
Auch auff Jnstrumenten klingen
Als Lauten / Geigen / vnd Pfeiffen
Odder die Harffen angreiffen
Vnd ander Jnstrumenta zwar
So sitzen diese zertling dar
       B iij   Gleich

Vorrhede.

Gleich ob sie nirgent wern gwesen
Da man Musicam hett gelesen /
Odder sonst den gesang geübt
Wie die nassen katzen betrübt /
Sie wissen wol geld jnn der Casschn
Vnd nicht ein löffel zuwasschen
Zu solcher ehrlichen kurtzweil
Man solt sie nennen grobe keyl /

    Wie ein Esel die seyten zwickt
Odder zur Sackpfeiff ist geschickt
Also lassen sie sich mercken
Jnn solchen frölichen wercken /
Ey / man solt sie bas deponirn
Vnd anders auff den hörnern hofirn
Den groben G eseln abgescheumt
Welche viel gutter zeit verseumt /
Jnn vnser Schul vnd anderswo
Gröber sein sie denn bonen stro /
Sie können mirs nicht zurechen
Denn / ich laß an mir nicht gbrechen
Wie zeugen müssen die knaben
Welche von mir studirt haben.

    Wolan / das sey euch gesagt im schimpff
Drumb nemets an in gutem glimpff
Ich mein es warlich hertzlich gut
Wie ein trewer Praeceptor thut.

Ad paupe-
res admo-
nitio.

    Weiter solt ich wol sagen mehr
Vnd geben den armen ein lehr /
Aber es leidets nicht die zeit
Jdoch hör ein kurtzen bescheid /

              Wil

Wil solches den reichen gebürn
Wieviel mehr sollet jhr studirn
Die jhr habt weder gelt noch gut
Denn solchs die notdurfft fordern thut
So du nicht wilt börn den schlegel
Odder nicht dreschen mit dem flegel /
Auff die maur nicht steine tragen
Auch nicht laden den mistwagen /
Mit kalck schlan dich nicht beflecken
An der Petzsche auch nicht trecken /
Odder sonst auffs Schiff nicht bgeben
Vnd aldar wagen dein leben /
Mit furwerck nicht haben viel müh
Esel nicht hüten oder küw /
Teichgreberey auch nicht treiben
Taglöner nicht ewig bleyben /
Ein bottenleuffer auch nicht sein
Odder ein futterschneyder gmein /
Auch nicht ein fischer ein plümper
Odder ein arm man vnd stümper /
Wiltu nicht fur der Esse stehn
Vnd mit dem schmidhammer vmbgehn /
Mit schwerer narung dich nicht ernehrn
Wiltu dich viel kummers erwehrn
Wiltu nicht führn das zimmerbeyl
Odder nich arbeyten mit dem keil /
Darzu den pflug auch nicht treyben
Odder nicht ein peuler bleiben /
So studire mit allem vleis
Jnn deiner jugend solchs beweis

Wiltu ni-
cht ita / so
magstu hut
sta.

B iiij   So

143

Vorrhede.

So magſtu dieſem entrinnen
Ehr / gut / vnd narung gewinnen / (macht
Ein alt hund wird ſchwerlich bendig ge-
Drumb ſolchs jnn der jugend betracht /
O jhr eltern merckt darauff nu
Vnd treibt ewr kinder zur ſchul zu.

Amplifica-
tio.
Nicht aber nach ſolchem gaffe
Zu ſein ein Papiſtiſch Pfaffe
Welche den Eheſtand verachten
Vnd nur jmmer nach hurn trachten /
Juſta Pa-
piſticorum
Sacrificu-
lorum / vi-
tuperatio.
Auch die ergſten Gotts leſtrer ſein
Wie man ſicht von allen jnn gmein /
Es iſt bey den Chriſten ein ſchand
Das es gelitten wird im land /
Weil ſie ſich nicht woln bekeren
Sondern mit hend vnd füß weren
Das ja Gots wort nicht fortgehe
Drumb ſag wir billich / weh ihn weh.

Aber hüt dich du pfeffſcher ſchalck
Der Teuffel wird ſchürn deinen balck
Wo du dich nicht zu Gott wendeſt
Sondern jhn leſterſt vnd ſchendeſt
Mit deim Papiſtiſchen weſen
Als klingen odder Meßleſen. etc.
Papiſte nõ
verum Sa
cramentũ /
ſed nutũ
panis et vi
ni elemen-
tum / uſur-
pant.
Man weis wol das dem Sacrament
Iſt allein ein ſchlecht element
Nemblich brod vnd wein / vnd nichts mehr
Wie beweiſt wird aus mancher lehr
Der heiligen ſchrifft auf der weld
Durch die Erbarn vnd Gottes held /

Als

Als Lutherum / der wirds bewern
Darzu durch meinen gönstgen herrn
Licenciaten wol bekand
Nicolaus Glossenus gnant /
Vnd viel andere darneben
Werden daruon zeugnis geben /
Was pochstu denn viel du Papist
Weil du ein Gottes lesterer bist
Mit alle deiner geistlickeit
Verkreuch dich nur / denn es ist zeit.
    Meinstu es darmit zu enden
Vns die augen zuuerblenden?
Wie mit meister Hemmerlein thut
Ein göckler jnn der göckelbud
Der jhn jtzt auff / jtzt nidder lest
So treibstu mit deim Ablath ein fest
Wenn du narr stehst für dem Altar
Vnd hast doch nichts den brod aldar /
Einen schlechten wein des gleichen
Noch heltstus für ein gros zeichen
Du stecksts offtmals jnn die Monstrantz
Odder verschleusts jnn die maur gantz /
Wo du nicht mit rapunten leuffst
Vnd auff der gassen ombher schleufst /
Du findest jnn keiner schrift stehn
Das du dar mit göcklen solt gehn /
Odder jnn ein gmach verschliessen
Sondern du solt es geniessen
Wie dirs Christus hat befohlen
Das sag ich dir vnuerholen /

D. M. L.

L. N. G.
Episcopus
ad Sanctū
Vdalricū /
Superin-
tendensque
Schole
Magdebur
gensis.

            B v   Denn

Vorrhede.

Bibite et
hoc ꝰ etc.

Denn er ſagt jnn ſolchem fall
Nempt / eſſet / vnd trinckt daraus all /
Jch meyne es ſey ja klar gnug
Wenn du elender menſch werſt klug.

Ironia.

Es iſt wunder das du allein
Brod mit dir nimpſt / vnd nicht wein
Wenn dir jnn der Proceß wird heis

In die Cor
poris Chri
ſti / vt vo-
cant.

Vnd für hitze ausbricht der ſchweis /
Dürſt dich nicht auch du fetter Pfaff
Der du dich ſtelleſt wie ein aff?
Aber troll dich du loſer gauch
Denn die pawrn merckens warlich auch
Das du vmbgehſt mit göckeley
Gotts leſtrung vnd lauter heuchley /
Ja die kinder auff der gaſſen
Verſtehens auch zimlicher maſſen
Drumb pack dich du loſer Papiſt
Mit deinem Bapſt / dem Antichriſt.
Dieweil er ſich wil bkehrn nicht
So ſtürtze ja Gott den böswicht
Nemlich den Paulum tertium
Welcher nie iſt geweſen frum /
Sondern ein verfürer von arth
Der Chriſten / bis zu dieſer farth
Beltzebub bſchmeys jm den grawē bart /
Denn er noch ſtetz thut anhetzen
Den Keiſer / ſein ſchwerd zumetzen
Die Chriſten zuuertilgen gar
Gott geb dem Keiſer viel guter jar
Vnd erleucht jhn mit ſeinem wort

Vnd

Vnd behüt jhn für solchem mort /
Darzu jhn gnediglich erlös
Von den Pfaffen vnd Mönchen bös
Vnd von andern Papisten mehr
Die teglich wancken vmb jhn her.

Vnd geb dem Bapst die helsche pein
Er wil doch ewig drinnen sein
Mit all seim anhang vnd gsellen
Welche nicht busse thun wöllen /
Das gescheh zu ehrn Gottes namen
Darzu sag wir alle Amen.
Da hastu Paule dein bescheit
Jch kan dir nicht fluchen allzeit /
Jdoch nach eins / Gott plag dich bald
Vnd vns bey seinem wort behalt.

Von andern gwaltgen stürm flüchen
Magstu jnn dem Buche süchen
Durch Doctorem Martinum gmacht
Jm fünff vnd viertzigsten jar volnbracht Anno 1545.
Widders Bapstum / die öberschrifft
Zu Rom / von dem Teuffel gestifft /
Da er die laudes thut lesen
Von deim böszwichtischen wesen /
Vnd dich mit sampt deinen gesellen
Stürtzet jnn abgrund der hellen
Da müst jhr jnn ewiger pein
Ewrs Lucipers gesellen sein.

Vnd ich sag das fur mein hoffrecht
Doch als ein vnuerstendig knecht /
Wo die Papisten daraus nicht

Fassen

Vorrhede.

Faſſen jhrs jhrthumbs onterricht /
So iſt jhn gar nicht zuradten
Jnn jhren verdamlichen thaten /
Wenn auch Moſes widder keme

Exo. lib. Vnd ſeinen ſtab zur hand neme
Thet wunder wie beym Pharo zwar
So wers doch all vmb ſonſt furwar /
Denn ſie ſein gwis verſtockt von Gott
Wie er dem Pharo gethan hot.

Drumb laſt ons jnn ſolchen wercken
Mit vleis dieſe reime mercken /

Cautio. Für Pfaffen / jhrm anhang darzu
Mög wir ons gar wol hütten nu
Als für Jüden / Türcken furwar
Dann ſie woln Chriſtum ausrotten gar.

Omnis plā Wolan ſolch leſtern außrotten
ta / quam Hat Gott der Oberkeit gebotten /
non planta Ja ſagen ein teil / es iſt war
uit Domi- Wer kan es aber weren gar
nus / eradi- Man mus ſolchs derhalben leiden
cabitur. Krieg ond onfried zuuermeiden.

Jch frag dich welchs mehr auff ſich hot
Menſchen verzürnen / odder Gott?
Wers nicht beſſer zuwagen ſtreit
O portet Denn Gotts zorn / ond ander hertzeleid?
Deo plus / Wirſtu ſolche leſtrung hindern
quam ho- Gott wird den Krieg wol lindern /
minibus o- Wie er bisher gwislich gethan
bedire. Welchs mercken mag ein jederman.

Ja wenn du wereſt den Teuffeln al
Jch

148

Ich schweig denn menschen jnn dem fall /
So wirds keinen mangel haben
Du wirst wol friedlich hindraben /
Wie sichs offtmals hat begeben
Im alten Testament / mercks eben.
Wirstus aber lassen geschen
Vnd mit jhn durch die finger sehn /
Odder sunst geschencke nemen
Des du dich billich möchst schemen /
So wirstu zu letzt wol fülen
Die straff / dar magst dich mit külen.

    Darmit hab ich niemand veracht
Ein jeder Gottes wort betracht
Vnd handel das er mag bestan
So thut er wie ein Christlich man.

    Knabe / darumb soltu studirn
Das kunst vnd tugend dich mag ziern /
Das du dich magst brauchen lassen
Zu rechter ehrlicher massen
Auff der Cantzel / auff dem Rathaus
Da dienen glerte leut vberaus /
Auff dem Scheppenstuel darneben
Inn der Schul / das merck gar eben /
Vnd andern örtern / wie ich sag
Daruon ich jtzt nicht schreiben mag.

Plato.

Beata Respub. vbi Philosophi imperant,
aut qui imperant, philosophantur.
Es ist nicht müglich, sag ich frey

               Das

Man sihet jtzund mer durch die finger / denn durch die brillen.
Munera placant homines Deosque / etc.
Mald ware sid.
Ad pueros adhortatio generalis.

Vorrhede.

Das eine gute Policey
On glerte leute mag beſtehn
Auch im Regiment wol zugehn /
Inn Stedten / Dörffern / vnd Landen
Vnd wo was trefflichs fürhanden.

Doctorū virorum laus.

Drumb ein wol glerter iſt mehr wert
Dann tauſent ander vngelert /
Das ſpürt man alle tage wol
Es ſey gnug daruon auff dis mal.
Bitt / wold mirs nicht vbel han
Denn ich ſchreib on allen argwan
Allein zu reitzen die knaben
Zu den künſten vnd Gotts gaben.

Epilogus prefatiõis.

Wolan das ichs nicht zlang mache
So wöln wir greiffen zur ſache /
Vnd verzelen jnn kurtzer friſt
Wie es darümb gelegen iſt.

Praxis

Praxis.

SOl dir die kunst werden bekand
So nim die Pfeiff also zurhand
Die recht oben die linck vnden
So hastu den angriff funden /
Darzu wird es sein von nöten
Das das vnderst loch auff flöten
Zur rechten vngegriffen bleybt
Vnd mit wachsse werd zugekleybt /
So hat jtzliche hand allein
Vier löcher auff der Pfeiffen gmein /
Wie die gemalte flöte zeigt an
Durch die zaln / welche drauff stan
Welche die finger bedeuten
Beider hend zur rechten seyten.
Durch die zaln zur lincken hand
Werden die Pfeifflöcher erkand.

Von dem Erſten geſchlecht

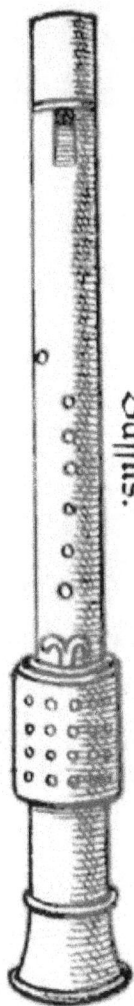
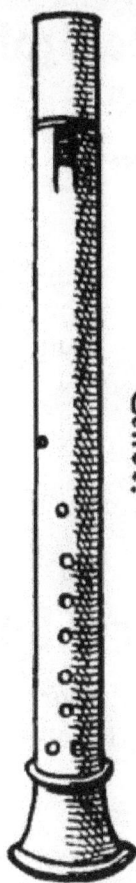
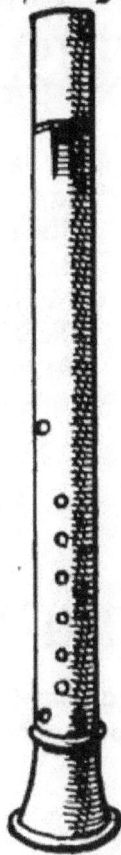

Baſſus.

Tenor.

Altus.

Vier Diſcantus. Flöten.

Bedeutung der zaln
der Pfeiffen.

Diese zal
bedeut $\begin{cases} 8 \\ 8 \\ 7 \\ 6 \\ 5 \\ 4 \\ 3 \\ 2 \\ 1 \end{cases}$ das $\begin{cases} \text{halbe achte} \\ \text{acht gantz} \\ \text{Siebend} \\ \text{Sechste} \\ \text{Fünffte} \\ \text{Vierde} \\ \text{Dritte} \\ \text{Ander} \\ \text{Erste} \end{cases}$ loch der Pfeiffen auffge-
than.

● alle löcher zu / diß all offen ○.

Die gestalt der Flöten.

Alhie schaw an du kneblein zart
Der flöten form / darzu jhr art.

C

Das erste Capitel.

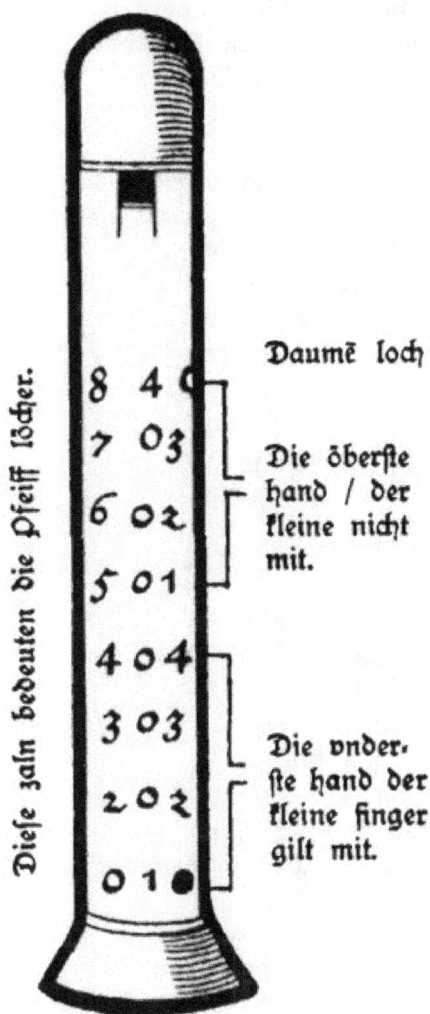

Daumē loch

Die öberste hand / der kleine nicht mit.

Die onderste hand der kleine finger gilt mit.

Diese zaln bedeuten die Pfeiff löcher.

8 4

7 03

6 02

5 01

4 04

3 03

2 02

0 1

154

Weiter soltu vleissig mercken
Wie sichs helt jnn diesen wercken /
Nemlich jnn den andern figurn
Da wirstu etzliche zaln spürn /
Vnd ander zeichen darneben
Die solt du auch mercken eben.

Die erst figur wil ich verklern
Die andern darnach gantz leicht gwern /
Dieser ring ● sag ich dir nu
Bedeutet alle löcher zu /
Gibt im Discant G sol re ut
Wie seine Scala leren thut.
Durch die zaln darinn vorhanden
Die acht löcher werdn verstanden /
Wenn sie auffgethan gepfiffen
Wie alhie fein ist begriffen.

Dis. ●
G. alle lö-
cher zu.

Mercke diß.

1 a la mi re / 2 b fa
1 2 / ♮ mi bedeut alda /
1 3 / c sol fa ut verste
1 2 3 4 / d la sol re /
1 2 3 4 5 / e la mi
1 2 3 4 5 6 / f alhie /
1 2 3 4 5 6 7 / g zeigt an
O / alle löcher auffgethan /
Auch wird dieser griff so gemacht
Al 1 3 4 5 6 7 8 /
Welchs das aa la mi re zeigt
1 7 8 / ist zum bb fa gneigt /
8 1 2 /

Dis. O
alle löch-
er auffge-
than.

Das erſte Capitel.

8 | 2 | gibt ♮♮ mi dar
8 | 3 | cc ſol fa zwar |
8 | 2 3 4 | bringt dd
8 | 2 3 4 5 | ee
8 | 2 3 | fa im ee la
8 | 2 3 4 5 6 | ff fa.

Alſo magſtu leichtlich verſtan
Die zwo figurn die darnach gan |
Wo du verſtehſt was Clauis iſt
Vnd die Scalā zu aller friſt |
Wo nicht | ſo gehe vnd lern es bas
Jnn der Muſick findeſtu das.
Nu volgen von dieſem geſchicht
Drey figurn künſtlich zugericht |
Darinn ſo klar iſt abgemalt
Als ich es vorhin hab vorzalt.
Erſtlich von der Pfeiffen Diſcant
Auch vom Tenor vnd Baß zuhand |
Tenor | Alt | haben einerley art
Das merckt von mir zu dieſer fart.

Zincken.

Schwegel.

Bombart.

Gros Pfeiffen.
Schalmey.

Das erste Capitel.

Cautela.

Wift auch meine lieben knaben
Wolt jhr gftimpte pfeiffen haben /
So keufft euch die jnn futtern fein
Dann die andern find falfch gemein.

Vom Difcant.

Wiltu die löcher recht greiffen
Auff Flöten vnd andern Pfeiffen /
So foltu jhm alfo nach gan
Wie die drey figurn zeigen an /
Dann da ifts mit den zaln gemalt
Wie folchs alles hat eine gftalt.
Erftlich wie man greifft den Difcant
Wird aus diefer figur erkant.

Appendix.

Durch die zaln auff dem rand alda
Verfte die Semitonia
Als cis / dis / fis / vnd wie fie fein
Wiewol fie den gfang zieren fein
Pflegt man fie doch felten zfürn
Sondern allein im Syncopirn /
Darumb lern erftlich pfeiffen fchlecht
Nach dem Diatonfchen gefchlecht
Wie die Scala zeigt hie gefatzt
So wirds darnach gantz leicht gefchatzt.

Diatonicñ
cantionis
genus / eft
cum Dia
teff. binis
Tonis / v.
noqne Se
mitonio
minori cö-
cinitur.

Ein

158

dℛ}
cℛ}
fℰ}   bedeut fa im
dℰ}
cℰ}

{ ee.
{ dd.
{ g.   vnd so von
{ e.   jhren Octa
{ d.   uen.

Volget des Discants·
fundament vnd Scala.

```
       8 1 2 3 4 5 6
       8 1 2 3 4 5    de 8 1 2 3          8 5 3 2 1 �ठℰ b.
dd     8 1 2 3 4                          8 4 2 1  ꞓℰ b.
       8 1 3
b      1 7 8      ♮ 8 1 2
Schäl  1 3 4 5 6 7 8   ○        Kromhör   Dis. ○ ā.
  1                             höge      alle löch-
  8    1 3 4 5 7                          er offen.
       1 2 3 4 6                          123456 fℰ faing
       1 2 3 4 5                          1235 ठℰ b.
       1 2 3 4                            124 ꞓℰ b.
N      1 3
M
b      2        ♮ 1 2
1
       ● Dis. G. alle löcher zu.
            159
```

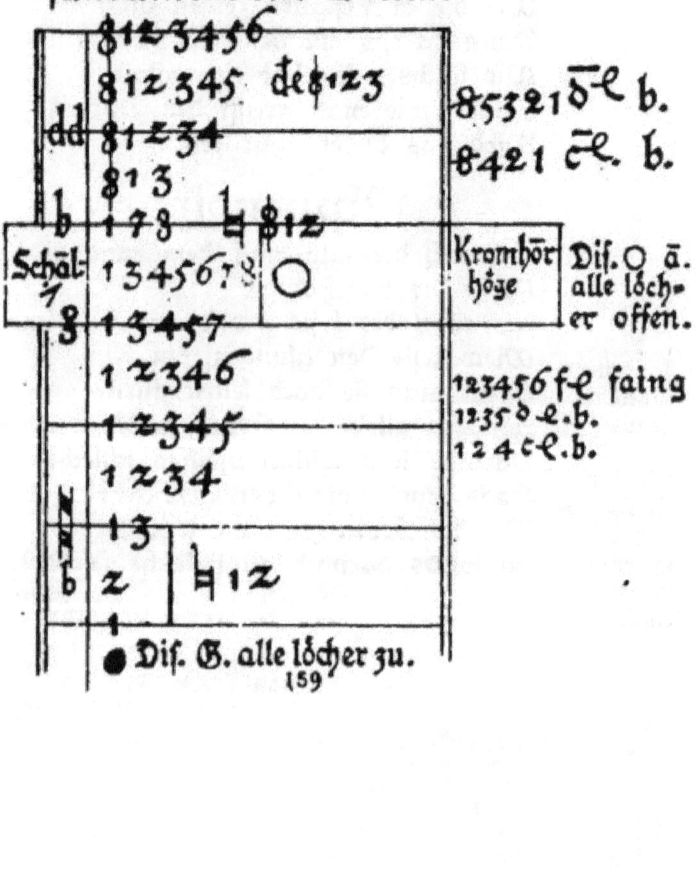

Das erste Capitel.

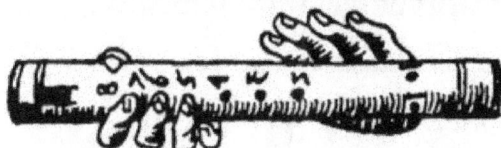

Notabile.

Die Kromphörner nicht höcher gan
Dann ein Tonum Diapason /
Als der Discant bis zum aa
Tenor zum d. das merck alda /
Baß das Gsolreut berürt
Wie beym offen ring wirt gespürt.
Alda wird dir gemeldet auch
Der Schalmeyen vnd Bomharts brauch.
Drumb ein gesang höcher zugericht
Schickt sich auff diese Pfeiffen nicht.

Vom Tenor vnd Alt.

Alhie wil ich dich leren fein
Jnn dem volgenden figürlein
Wie der Tenor zugreiffen sey
Darzu der Alt / das merck darbey.

Des

Des Tenors vnd Alts
fundament vnd Scala.

	§12345	g♭ §123		b.
§g	§1234			§421 ℔. ♭.
	§13			
	§1z	d c178		
Bom: 7	1345678	O	Krombt höge	Ten. O alle löcher offen.
	13457			
b	12346	♮123456		
	12345			
	1234			124 F℔. ♭.
℈:	13			
	1z	b. z		
	1			

●
● C fa ut. alle löcher zugethan.

Te. Al. gſol

Das erste Capitel.
Ein Exempel von den ongemei
nen Semitonien.

$$\left.\begin{array}{l} \text{fis} \\ \text{Gis} \\ \text{Fis} \end{array}\right\} \text{bedeut fa im} \left\{\begin{array}{l} \text{g} \\ \text{a} \\ \text{G} \end{array}\right.$$

Vom Baß.

Die gröſte Pfeiffe gnant der Baß
Soltu greiffen jnn ſolcher mas /
Wie die figur zeiget alda
Gegründet aus der Muſica.

Des Baß fundament
vnd leyter.

178. Gℓ.b.

♭12345

♭1234

b ♭13   ♮♭ 23

♭12

1345678   O

∴ 13457

12345 6   De 12346

12345

1234

b 13   ☰123

12

f 1

O ſ fa ut. alle löcher zu- gethan.

1235 ♭ c ℓ. b.

Kromhör: höge   Baſ. O alle lö- cher of- fen.

b. 1235. Cℓ.

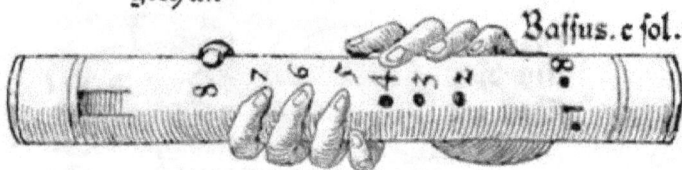

Baſſus. c ſol.

Von den Semitonien ein Exempel.

cℓ ⎫
Gℓ ⎬ bedeut fa im
Cℓ ⎭

d ⎫
a ⎬ alſo von ihren
D ⎭ Octauen.

Das erste Capitel.

Ein schönes Fundament zu lernen auff einem

kleinen Flötlein / welchs nicht
mehr denn vier löcher hat / jdoch wenn das vnterst ende der
Pfeiffen auch gebraucht wird
(wie es gmeiniglich geschihet) mag sie mit fünff odder sechs löchern / ge-
rechent werden.

Weiter mag ichs nicht vnterwegen lan
Sondern wil etwas bringen auff die ban.
Wie der gebrauch der kleinen Flöten ist
Vnd die löcher recht zugreiffen mit list.
Erst nim die Pfeiffen jnn die rechte hand
Odder jnn die lincken on alle schand.
Die ander hand / sey dir frey vnd gemein
Ndoch das du das vnterst loch allein.
Mit dē finger der nach dē daumen geht
Thust greiffen / wie es jnn der Figur steht.

Inn dieser figur wird das

vnterste ende der Pfeiffen / wenn es
halb gegriffen ist / auch für ein
loch odder noten gere-
chent / wie folget.

	5 3 2 1	bb fa	h		5 3 2 1		mi
			aa	5 2 1		re
g			g	5 1		sol
	5 1 mi	i	F	5 1		fa
			e	5 4 3 2 1		mi
			d	4 3 2 1		re
iiii			c	4 2 1		fa
	3 1	b fa	h	3 2 1		mi
			a	2 1		re
			G	1		sol
			F			fa

Das erste Capitel.
Klein Flötlein mit vier löchern.

Vier Kromphörner / odder Pfeiffen.

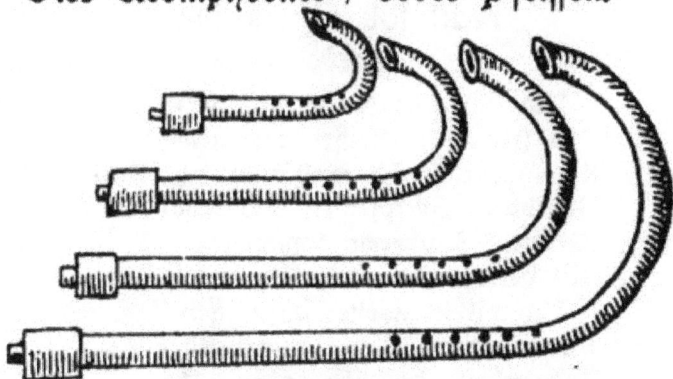

Platerspiel.

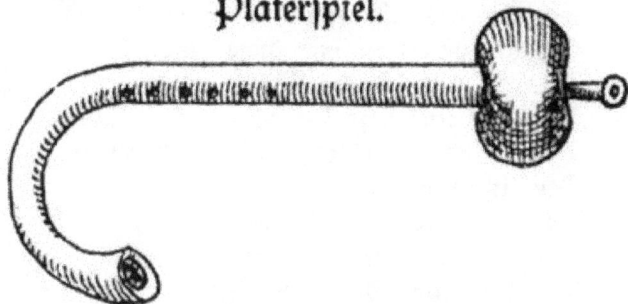

Krumphorn.

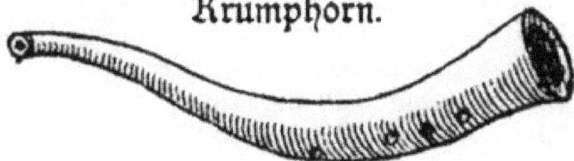

Volget ein ander schön

Muſicaliſch fundament / wie
die Claues auff queerpfeiffen
recht ſollen gegriffen
werden.

Ich hab das fundament verzelt
Von ſechſerley Pfeiffen wie gemelt /
Als Zincken / Kromphörner / Flötlein
Bomhart / Sackpfeiffen vnd Schalmein /
Welche faſt vberein kommen
Mit den griffen all zuſammen.
Nu wil ich weiter angreiffen
Das fundament von queerpfeiffen /
Vnd gebens deudlich an den tag
So viel als ichs jtzund vermag.
Erſtlich hab von mir dieſe lehr
Das ſie nicht haben löcher mehr
Dann allein ſechs / wie man thut ſpörn
Drumb auch ander griffe drauff ghörn.
Die lincke hat der löcher drey
Auch die rechte / ſag ich dir frey /
Drauff ſein drey finger zu maſſen
Der klein vnd daum weggelaſſen.
Wie es mit dem blaſen zugeht
Bey den figurn geſchrieben ſteht /
Welche volgen hierunden bald
Mit den zaln hats dieſe gſtalt
Wie von den flöten iſt verklert

Vnd

Das erste Capitel.

Vnd sey daruon gnugsam gelert /
Denn es ist gantz leicht zuuerstan
Wer das vorige gründlich kan /
Drumb acht ich / es darff nicht viel wort
Halts allein wie oben gehort.

Die form der Schwey tzer Pfeiffen.

Allhie sihestu recht abgemalt
Dieser Pfeiffen arth vnd gestalt.

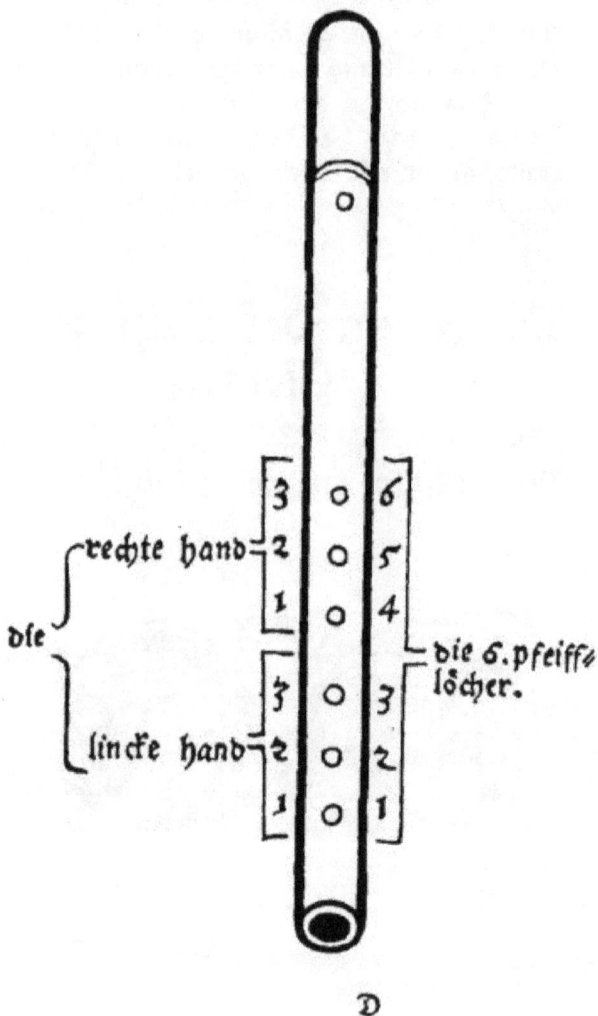

rechte hand ⎰ 3 · 6
          ⎱ 2 · 5
            1 · 4

die ⎰

lincke hand ⎰ 3 · 3
           ⎱ 2 · 2
             1 · 1

die 6. pfeiff=
löcher.

D

Vier Schweißer Pfeiffen.
Discantus.

Altus.

Tenor.

Bassus.

Cautiuncula.

Ach sey im Pfeiffen darauff gsind
Das du blest mit zitterndem wind /
Dann gleich wie hernach wird gelart
Von der Polischen Geigen art
Das / das zittern den gesang zirt
Also wirds auch alhie gespürt.
Auff Orgeln wers ein gros ornat
Wiewol mans selten gebraucht hat
Bisher jnn den Deudschen landen
Ich hoff es sey schon vorhanden
Wo die Orgelmacher nicht luschn
Vnd halten darmit hindern puschn /
Wolan sie mögen darauf mercken
Rech zuthun jnn solchen wercken
Gott hats ja darumb nicht geben
Vns allein darmit zuleben
Sondern dem negsten mitzuteiln
Dahin mag ein jederman eiln
Der nach Gotts wort wil handeln recht
Vnd wil nicht sein des Teuffels knecht.

Scire tuū
nihil est /
nisi hoc sci
at et alter.

Vom Discant.

Du Discantist find dich herbey
Wiltu auff Schweytzrisch pfeiffen frey /
Hie findestus gantz hell vnd klar
Jnn volgender figur furwar.

D ij   Des

Des Discants Scala
vnd Fundament.

Sequuntur tres irregulares / harum Ti-
biarum Scalae / ad Epidia-
tess. transpositae.

Vom Tenor vnd Alt.

Wiltu lernen Tenor vnd Alt
So mache dich hieher gar bald /
Zu diesem figürlein so fein
Da findestu / wie es sol sein.

Des Tenors vnd Alts
fundament vnd Scala.

Das erste Capitel.

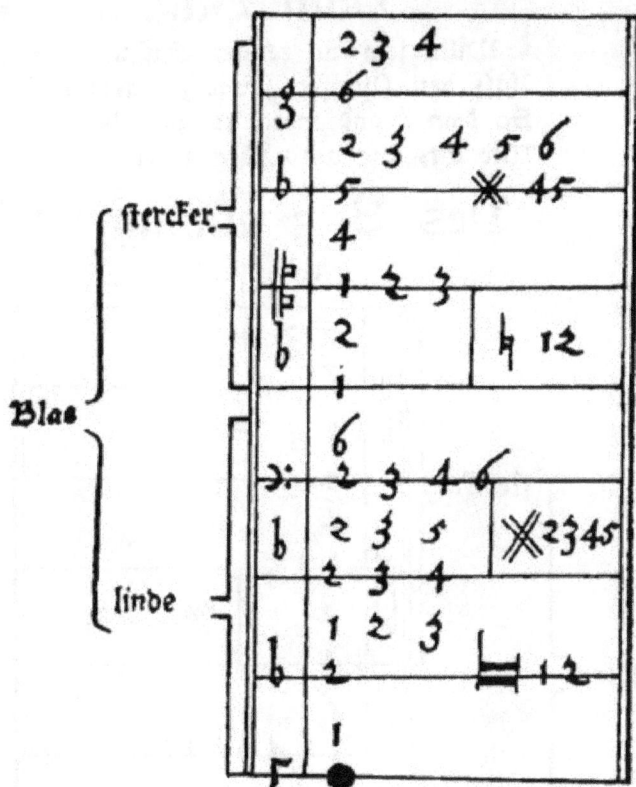

Dom Baß.

Wiltu sein ein rechter Bassant
Auff den Pfeiffen / wie ist genant /
So kom / vnd merck es gar eben
Wie dirs hie wird fürgegeben.

Des Baß fundament
vnd leyter.

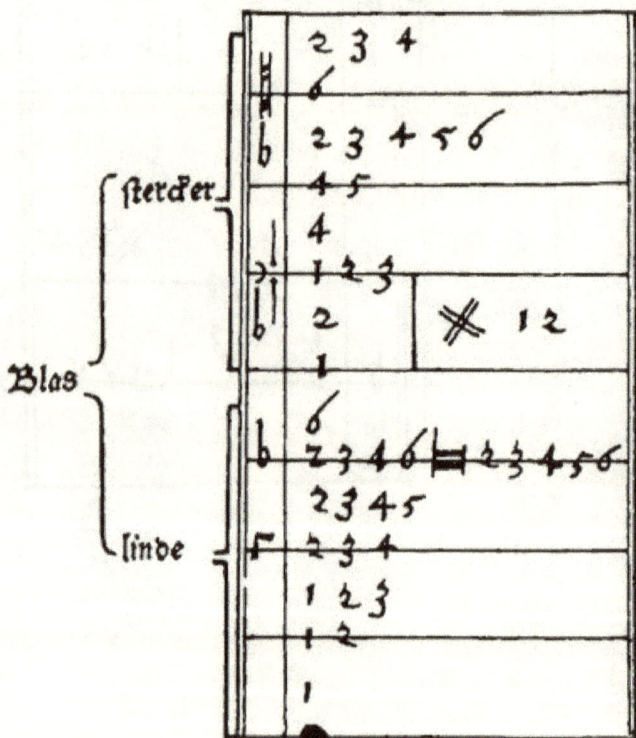

175

Das erste Capitel.

Volget weiter von gros
pfeiffen / als Busaun / Felt= trommet / Clareta / vnd Türmerhorn.

Etlich aber haben der löcher keins
Nur alleine oben vnd vnden eins
Auff diesem wird die melodey / allein
Durchs blasen vnd ziehen geführet rein
Als sein Busaun / Trummeten vnd Claret
Wie es hie volgende gemalet steht /
Dauon sag ich nicht viel zu dieser stund
Denn ich hab auch noch nicht den rechten
Wo ich jhn aber werde erlangē (grund
So soltu jhn recht von mir empfangen
Ndoch sol es also schlecht nicht hingan
Ich wil dir sie gemalet zeigen an.

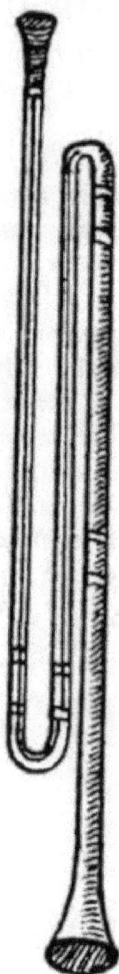

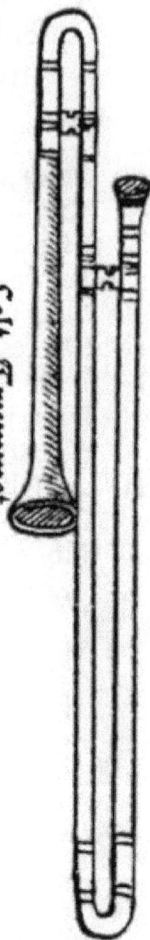

Türmer horn.

Clareta.

Felt Trummet.

Bufaun.

177

Das erste Capitel.

Volget noch ein ander /
besser / vnd gemeine art /
wie man die Claues nach Mu
sicalischer weise / auff diesen
Pfeiffen blasen vnd
greiffen soll.

WEiter mag ich nicht verschweigen
Sondern noch ein arth anzeigen
Der obgesagten fundament
Auff Schweitzerpfeiffen jtzt genent /
Welchs das gmeinst vnd leichst geacht
Drumb hab ichs auch auff die ban bracht
Las dir es aber nicht faul thun
Das ich von zweien sage nun /

Anno 1529.

Vnd vom dritten gesagt jensmal
Jnn der Deudschen Jnstrumental /
Denn man kan alhie die Scalas

Quemad-
modum in
cantu / ita
in Jnstru-
mentis mu
sicis / trans-
positio can
tus fieri po-
test.
fundamen
tũ / huius
generis Ti
biarum o-
ptimum.

Transponirn / wie im gsang / merck das /
Auch wie es auff Orgeln geschicht
Auff Lauten / wie ich dich bericht /
Vnd auff den andern so furtan
Derhalben laß fahrn den argwan.
Drumb hab ich sie beid dargestelt
Nim eine welche dir gefelt /
Jdoch wil ich reden jnn gmein
Diese deucht mich die bequemst sein /
                                    Wie

Wie du sie aber solt verstan
Wil ich jnn figurn zeigen an /
Vnd lassen sie herfür draben
Du magst achtung darauff haben.

Volgen nach die drey figurn.

Sequuntur tres aliae / harum Fistu-
larum / Scalae regulares.

Des Diſcants Scala.

Des Tenors vnd Alts
fundament.

gantz starck

Blas

etwas harter

messig

Das erste Capitel.
Des Baß Scala.

Volget von der zungen
bewegung odder applica-
tion auff den Pfeiffen.

Ich wil dir nicht bergen noch eins
Welchs auff Pfeiffen nicht ist ein kleins
Sondern das vornemste stück zwar
Vnter andern / gleub mir furwar /
Nemlich wie die zung im mund gfürt
Auff die Noten wird applicirt.

Drumb ich dir sag zu dieser stund
Wenn du die Pfeiffe setzt an mund /
Vnd wild pfeiffen nach dem gsang
So merck / ob die Noten gehn lang /
Nemlich / ob es Maxime sein
Longae odder Breues allein /
Aus welchen man gmeinlich macht
Semibreues / das halt jnn acht.

Die Semibreff / wie ichs verste
Minimae / Semiminimae
Haben gleich application
Das soltu aber so verstan /
Die zunge must du bewegen
Vnd jnn deinem munde regen
Auff ein itzlich jnn sonderheit
Wie volgend im Exempel steht.
Finger vnd zung sollen gleich sein
So laut die Colorathur rein /
Denn wo die zung wird ehr geregt

Denn

Das erste Capitel.

Dann die finger vom loch bewegt
Lauts nimmer so wol zusammen
Als wenn sie beid zugleich kommen.
   Die andern beide Noten schnell

Eadem Fusae et Semifusae ap plicatio.

Als Fusa vnd Semifusel /
Haben auch beid einerley weis
Im applicirn / das merck mit vleis /
Ndoch nicht auff die selbig art
Wie von den andern ist gelart.
Wiewol etzlich im applicirn
Die Semiminimas so fürn
Wie es jtzunder ist verzalt
Das wirstu deudlich spören bald
Inn einem Exempel gantz fein
Darnach applicir das zünglein /
Auff jtzliche Noten mit list
Wie es drunder geschrieben ist /
Auff Sackpfeiffen kan mans nicht fürn
Das müssens die finger regirn.

184

Sackpfeiff.

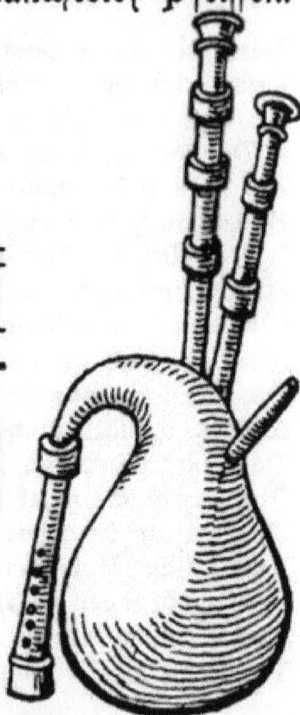

Letzlich werd ich von diesem schwanck
Verdienen gantz geringen danck
Von etzlichen Pfeiffern furwar
Ich achts geringer dann ein har /
Sie sprechen ich mache zügmein die kunst
Antwort / ich habs von Gott vmb sunst /
Spricht / vmb sonst habt jhrs emtpfangē
E   Vmb

Das erste Capitel.

Philip. 2.

Vmb sonst lasts zum nechsten glangen /
Ihr solt nicht suchen was ewr ist
Sonderns negsten / zu aller frist.

Auch wil mich jemand verachten
Der mag gar wol darauff trachten
Das ers besser / dann ich / mache
Sonst wird gar falsch seine sache /
Ein ding kan bald werden veracht
Aber langsam besser gemacht.
Kanst du dich besser beweisen
So wil ich dich selber preisen /
Wo nicht / so halts lestermaul still
So handelstu nach Gottes will.
Wolan auff dis mal gnug daruan
Wir wölns Exempel fangen an /
Darinn ons klerlich wird bewert
Was wir droben haben gelert.

Volget nach das Exempel von der zungen application.

Linguae
Tibicinorũ
applicatio.

Wiltu das dein pfeiffen besteh
Lern wol das diridiride /
Dans gehört zu den Noten klein
Drumb las dir nicht ein spot sein.
Auch wiltu weiter speculirn
Vnd reinlich lernen colorirn
Mit mordanten rechter massen
So magstus vom Lehrmeister fassen ·
Denn es wil sich hie leiden nicht
Das ich daruon thu vnterricht.

Linguae

Linguae applicationis, Paradigma.

de de de de de de de de de de de de

de de de de de de de de de de Vel sic

Et haec ima / optima a quibusdam existimatur.

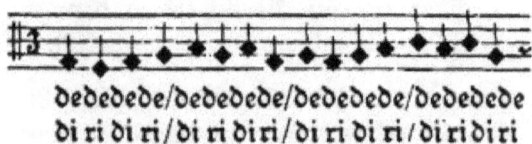

dededede/dededede/dededede/dededede
di ri di ri/di ri di ri/di ri di ri/di ri di ri

dededede/dededede/dededede/dededede
di ri di ri/di ri di ri/di ri di ri/di ri di ri

Das erſte Capitel.

dededede/dededede/dededede/dededede
di ri di ri/di ri diri/di ri diri/di ri diri

de de de de/ di ri di ri/ di ri di ri
di ri di ri/

di ri di ri/ di ri di ri/de de

de di ri de di ri di ri di ri de de de.

Etzliche brauchen im Colorirn
dieſe art / vnd nennen es
die flitter zunge / wie
volget.

Exemplum

Exemplum.

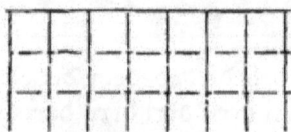

tellellellellellellele / le.
Semitactus.

Das ander Capitel /
von dreierley / als Welschen /
Polischen / vnd kleinen
dreyseitigen Geigen.

BEgerstu weiter zu studirn
Auff Geigen den bogen recht fürn /
Welche man nent die welsche art
So mercke mich zu dieser fart /
Den Bogen jnn der rechten hald
Gib den zügen diese gestalt /
Allzeit einen vmb den andern
Las sie auff den seiten wandern /
Die fünff Noten / merck eben das
Semibreues vnd Minimas
Semiminimas / Susas auch
Semisusas / also gebrauch /
Zeuch jtzliche jnn sonderheit
Wie sie jnn dem gsange steth /
Drumb ein jede hab jhren zug
So brauchstu den Bogen mit fug.
Die andern nemlich Maximam
Breuem / des gleichen die Longam /

Quaelibet
harum fi-
gurarum /
peculiarem
suum habe
attractum.
Juxta va-
loris sui e-
xigentiam
trahatur.

E iij   Jnn
189

Das ander Capitel.

Inn Semibreues resoluir
So thust du jhn auch jhr gebür

Breuis im
perfecta di
minutaque
etiam inte
gri Cactus
tractu / tra
hi potest.

Mit den zügen solchs geschen sol
Jdoch die Breuem magstu wol
Wenn du sie findest im gsang
Zihn mit einem zuge lang /
Wie es foddert der gantze Cact
Das sey von zügen gesagt.
Auch habe der Boge seinen weg
Auff den seiten hart bey dem steg
Da die seiten auff ligen gantz
So gibts ein rechte resonantz.

Der finger application
Auff dem kragen gantz oben an
Wird nicht alzuweit darunden
Klerlich bey den figurn funden /
Gegen der rechten darneben
Werden dir die zaln solchs geben.

Darnach sluchs auff die seiten streich
Die griffe den zügen vergleich /
Nemlich wie schnell du einen zug thust
So risch du oben greiffen must
Mit den fingern der lincken hand
Auff dem kragen / wie oben gnand.
Kanstu aber gar nichts singen
Ey so magstu darnach ringen
Das du die Noten setzest ab
Ein itzliche jnn jhren buchstab
Der am anfang wird gespürt
Des Schlüssels da sie funden wird /
Solchs / wo man weis den vnterscheid
Der buchstaben / leichtlich zugeht /

Nemlich

Vt habe-
tur cap. rj.
prioris Jn
strumenta
lis.

190

Nemlich ob sie gros odder klein
Odder zweifaltig sollen sein /
Wie die Scala fein leren thut
Das merck vnd schleus jnn deinen mut.

Von dreierley vnter=
scheid der Musicalischen schlü
ssel zum absetzen auff Geigen / Lauten /
Harffen / vnd Orgeln / sehr nützlich zuwissen.

Die duppelten also.

3. a̅. b̅. ♮. c̅. cis. d̅. dis. e̅. f. g̅.

Die kleinen also.

2. a. b. ♮. c. cis. d. dis. e. f. fis. g. gis.

Die grossen also.

1. F. G. A. B. ♮. C. Cis. D. Dis. E. F. Fis.
(G. Gis.

Mea opinio.

Ich halts das kein Instrument sey
Der menschen stim mit melodey
So ehnlich / gleichsam die Geigen
Sing drein / so hörstus eigen.
Es sey daruon gnugsam geschwatzt
Das fundament alhie gesatzt
Begriffen jnn den figurn drey
Wöllen wir für vns nemen frey /
Vnd sehn wie wirs sollen machen
Mit dem brauch jnn solchen sachen.

E iiij Volgen

Das ander Capitel.

Volgen drey künſtliche

figurn / darinne das rechte fun
dament / der groſſen welſchen
Geigen / gantz meiſterlich
begriffen iſt.   -

Vom Discant.

Wie du den Discant ſolt geigen
Wird dir dieſe figur zeigen.

Ein ander zug auff den
Diſcant.

Dieweil man im gſang ſelden ſpürt
Das der Diſcant das G. berürt
Vnd offt jns dd / ee / geht
Möcht man jhn zihn / wies alhie ſteht.

d dis	ee	ff	dd.	4	
b̄	x̄	c̄	ā	3	ſeit los.
f	fis	g	e.	2	
cis	d	dis	c. erſt.		
1	2	3			

bünd.

192

Ditonus Diatef. Diatef.

G̈ c f ♭

a c♯ f♯ ♯

b d g c̄

d̄

Testudo
acuta.

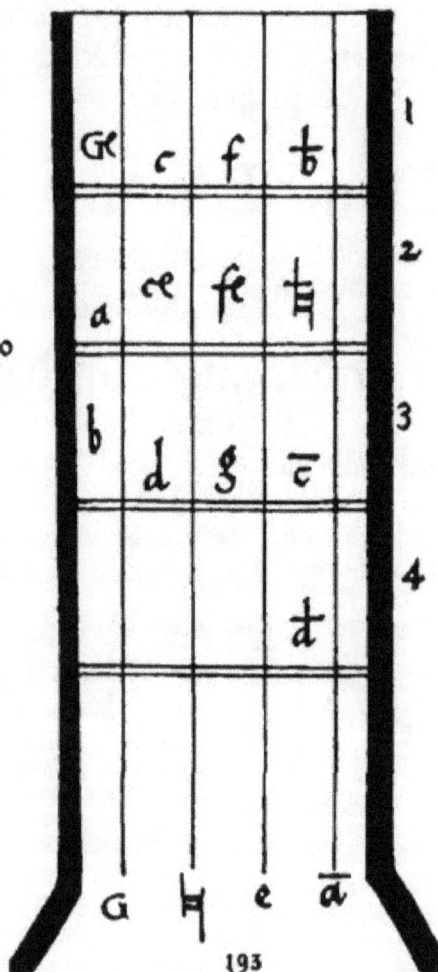

1

2

3

4

G ♮ e ā

Durch diese zaln werden erkandt
Die finger an der linden hand.

193

Das ander Capitel.

Appendix.

Mich deucht der zug wie alhie steht
Bedörfft noch wol die fünffte seit
Gezogen ins dd la sol
Drauff sich solch gsang reimet wol
Der jns ee. ff. steiget
Der sonst schwerlich wird gegeiget /
Doch seys jederman heimgestelt
Das ers mache wies im gefelt.

Dom

Vom Tenor vnd Alt.

Aus dieser kanst du lernen bald
Wie gegeigt wird Tenor vnd Alt.

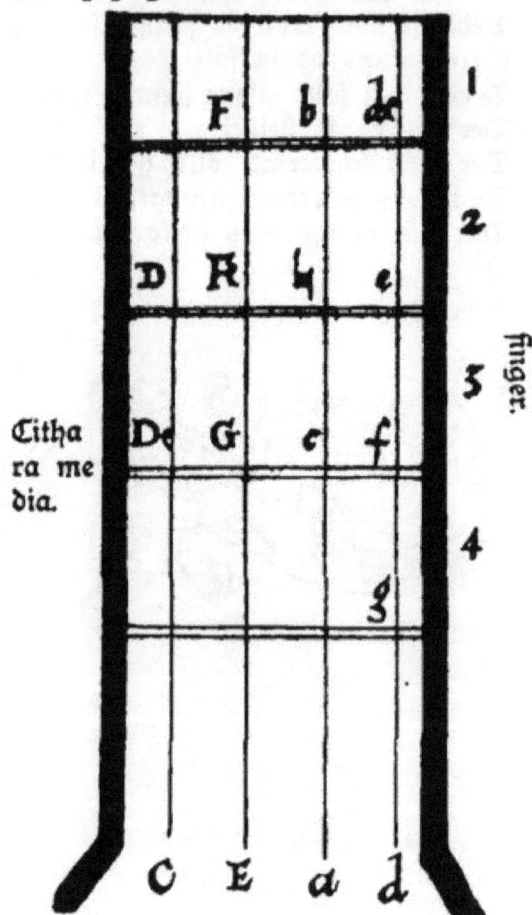

F   b   d — 1

D R ♮ e — 2

finger. — 3

Cithara media. D G c f

g — 4

C E a d

Das erste Capitel.
Vom Baß.

Dis nachvolgende fundament
Gehört zur Geig Baſſus genent.

Teſtudo
grauis

196

Wiewol man den Baß anders ſtimpt
Doch dieſer ſich am beſten zimpt /
Drauff die griffe ſein nahn geſtelt
Welchs eim Geiger nicht vbel gfelt.

Volget von dem an=
dern zuge eine figur.

b	♮	c	d			a
F	Fis	G				E
Cis	D	Dis			los gibt	C
Gis	A	B	♮			Γ
—						2 F.

1.　　2.　　3.　4.
bünd.

Difcantus.

Altus.

Tenor.

Baffus.

olget wie die bünde
dem kragen der grossen
welschen geigen / mit dem zir=
ckel nach Monochordischer
art abgemessen werden.

ENdlich mustu merken mit vleis
Das die geigenbünd nicht quätsweis
Auff die kragen werden gelegt
Wie es von vielen wird gepflegt /
Welche die bünd auffzihen schlecht
Achten nicht ob es klinget recht
Wenn man darüber greiffen thut
Vnd verderbet die melodey gut.
   Aber es ist ein ander kunst
Die ich dir wil mit teyln vmb sunst /
Mit dem zirckel / der meister ist
Sölcher kunst / vbe diese list /
Der selb wird dich nicht betriegen
Dann er kan warlich nicht liegen /
Wenn er (sag ich) recht gebraucht wirdt
Wie mans hernach jnn figurn spürt.
   Wiltu nu sölchs recht abmessen
So mustu das nicht vergessen /
Heb an gantz am öbersten end
Des kragens die messung behend
Da sich die seiten scheiden bald
Vom höltzlein darunter gestald /

Circulus /
sui generis
artiſ / ma=
gister.

Vnd

Das ander Capitel.

Vnd laß sie bis hinunter gan
Da du den Treger findest stan /
Welcher gnant wird der Steffen
So magstu die teylung treffen /
Vnd schaw das sie nicht weiter geht
Dann da sich die seit von jhm scheidt.
Auch teil ab die Quintseit allein
So kömpts jnn allen vberein.

Dimensio-
nis initij /
signa.
Disf. ā.
Cen. d.
Baß. a.
Ita dicta /
quia per se
nihil signi-
ficat / sed
alios nume
ros plus si-
gnificare
facit.

Den anfang magstu im Discant
Zeichen mit einem ā. zuhandt /
Im Tenor nim ein d. thu das
Mit einem buchstab a. den Baß /
Vnd recht auff dem Treger das end
Mit der ziffer O / nulla gnend.

Da sich die buchstaben begeben
Mercke mit eim pünctlein eben /
Wenn sie all abgemessen sind
So zeuch vbern tragen die bünd /
Auff die punct / wo stehn buchstaben
So wirstu die griffe recht habn /
Wie jnn diesen figurn furwar
Begriffen ist deudlich vnd klar.

Die

Die erste figur von der abteilung
des Discants.

Inn dieser figur wird erlant
Wie man abemiß den Discant.

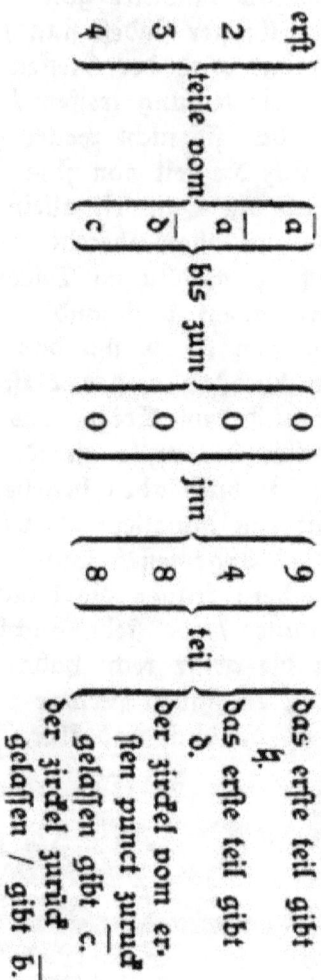

f

erst)	a	0	9
2	a	0	4
3	b	0	8
4	c	0	8

teile vom — bis zum — jm — teil

das erste teil gibt ♮.

das erste teil gibt d.

der zirckel vom er-
sten punct zuruck
gelassen gibt c.

der zirckel zuruck
gelassen / gibt b.

201

Die ander figur / vom Tenor vnd Alt.

Allhie es fein eröffnet ist /
Wie man Tenor vnd Alt abmiß.

erst		b		o		9	das erste teil gibt e.
2	teile vom	b	bis zum	o	inn teil	4	das erste teil gibt g.
3		g		o		8	der zirckel vom ersten punct zu rück gelassen gibt f.
4		f		o		8	der zirckel aber zurück gelassen / gibt bis.

Die dritte figur vom Baß.

Hie findest du die rechte maß
Wie abgeteilet wird der Baß.

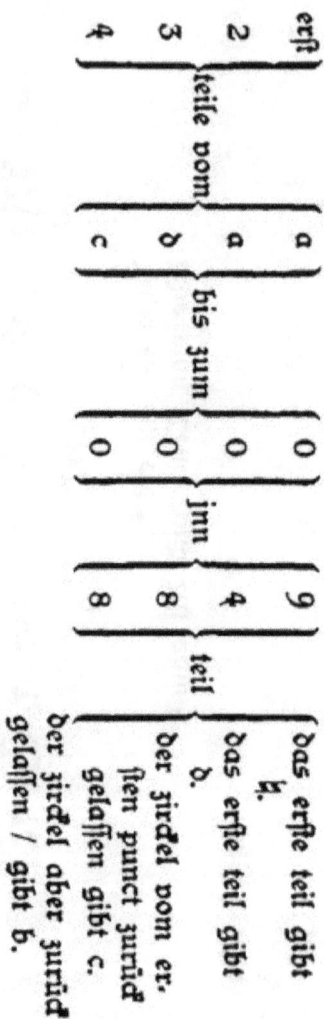

erst
2
3
4

{ teile vom }

a
a
b
c

{ bis zum }

0
0
0
0

{ inn }

9
4
8
8

{ teil }

das erste teil gibt ♮.

das erste teil gibt d.

der zirckel vom er-
sten punct zurück
gelassen gibt c.

der zirckel aber zurück
gelassen / gibt b.

203

Das ander Capitel.

Volget das fundament
der Polischen Geigen / vnd
kleinen handgei-
gelein.

WEiter wil ich dir anzeigen
Das ander geschlecht der Geigen
Welche im Polerland gmein sind
Drauff die seiten gestimpt die quint.
Vnd werden auff ein ander art
Gegriffen / dann wie vor gelart /
Mit den negeln rürt man sie an
Drumb die seiten weit von ein stan.
Mich düncket sie lauten gantz rein
Auch das sie viel subtiler sein
Künstlicher vnd lieblicher gantz
Dann die Welschen mit resonantz.
Das ichs aber subtiler nenn
Ein jeder bey sich selbs erkenn
Ob nicht ein seit die man berürt
Mit negeln / wird heller gespürt
Dann eine mit fingern weich
Odder anderm thun diesen gleich /
Denn was weichlich ist / dempfft den klang
Vnd was hart / macht klerer den gsang.
Auch schafft man mit dem zittern frey /
Das süsser laut die melodey /
Denn auff den andern geschen mag

Hör

Hör weiter zu / was ich dir sag
Dieweil sie one bůnd gemacht
Wird es etwas schwerer geacht
Die finger drauff zu applicirn
Vnd zwischen den seiten recht zfürn /
Doch ist nichts so schwer auff erden
Es kan durch vleis erlangt werden.

Wie man die finger auff dem kragen
Applicirt / wil ich dir sagen /
Bey den dreien figuren klar
Hernach volgend gantz offenbar.

Nihil tant
difficile /
quin ingi
exercitatio
ne assequi
queat.

Volget ein vnterrich=
tung / wie die gnanten Geigen
recht zusamen gezogen werden /
vnd erstlich wie der Discant
sünderlich für sich al=
lein gestimmet wird.

Zeuch erst die quintseite so hoch
Als sichs jmmer leidet im zog
Darnach auch die volgenden drey
Wie ich dirs jtzt wil zeigen frey.

Von stimmen der an=
dern drey seiten.

F iij

1)
2) } zeuch das {e. } los / zum { h. gegriffen ⟍ in { ſubbiapente.
3) {h. } { e. los ⟋ { ſubbiateſ.
{C.} { c. gegriffen ⟍ { ſubbiateſ.

Ein ander zug.

Odder zeuch die ſeiten alſo
Wie die Claues zeigen abo.
Exempel.

alle los {1. a) diapteß.
2. e) diapteß.
3. h) diateß.
4. C) diatonus.}

206

Wie der Tenor odder
Alt nach dem Disc. recht
gestimmet wird.

WEnn der Discant gestimmet ist
　So zeuch die andern auch mit list
Wie ich dich wil vnterrichten
Volgend / darauff magstu dichten.

F　iiij

207

$\left.\begin{array}{l}1\\2\\3\\4\end{array}\right\}$ im Disc. zum $\left\{\begin{array}{l} \left.\begin{array}{l}\text{e.}\\\text{a.}\\\text{e.}\end{array}\right\} \text{los / zeuch im Ten.} \left\{\begin{array}{l}\text{e. gegriffen /}\\\text{a. los}\\\text{C. los}\end{array}\right\} \text{in} \left\{\begin{array}{l}\text{unisono.}\\\text{subbiapaß.}\\\text{subbiapaß.}\end{array}\right. \\ \text{c. gegriffen / zeuch im Tenor C. los / in subbiapaß.}\end{array}\right.$

Wie der Baß nach dem Ten. gezogen wird.

$\left.\begin{array}{l}1\\2\\3\\4\\5\end{array}\right\}$ im Ten. zum $\left\{\begin{array}{l} \left.\begin{array}{l}\text{A.}\\\text{C.}\\\text{a.}\end{array}\right\} \text{los / zeuch im Baß} \left\{\begin{array}{l}\text{A. gegriffen /}\\\text{a. gegriffen /}\\\text{C. gegriffen /}\\\text{A. los}\end{array}\right. \left\{\begin{array}{l}\text{in unisono.}\\\text{in unisono.}\\\text{in subbiapaß.}\\\text{in unisono.}\end{array}\right. \\ \text{F. los / zeuch im Baß F. los / in subbiapaß.}\end{array}\right.$

208

Von den kleinen drey=
seitigen handgeiglein.

DV solt weiter mercken darbey
Das noch ein art der Geigen sey
Auch auff Polisch die quint gestimpt
Doch sichs mit greiffen anders zimpt /
Wie hernach wird eröffnet bas
Auch spür ich gemeiniglich das
Jeder wil jtzt darmit vmbgehn
Vnd wenig den kragen verstehn /
Auff welchem das rechte fundament
Ist verborgen vnd gantz behend /
Der griffe des gesangs schlüssel
Mich gemands wie einer schüssel
Da ein verdackt gericht jnn leyt
Vnd niemand kan geben bescheit /
Ob es sey ein köstliche speis
Odder gemein als nemlich Reis /
Potter milch / odder dick mulcken
Das die Paurn gerne kulcken /
Du must mirs nicht für vbel han
Das ich red wie ein ackerman /
Dann mercke das sprichwort alhie
Tractant fabrilia fabri.
   Wenn aber die deck abgestalt
So erkent ein ieder bald /
Was darinne verborgen lag
So gehts hie zu / wie ich dir sag.
        F v   Drumb

Jocosa locutio.

Das ander Capitel.

Drumb wil ich dir fein entdecken
Vnd was verborgen / dar strecken
Auff diesen Geigen one bund
Alhie vnten jnn kurtzer stund /
Inn den figurn geoffenbart
Findestu klar beyderley art /
Drumb sie haben einerley brauch
Die Polschen vnd die kleinen auch /
Allein das die Polacken zwar
Greiffen zwischen die seiten gar /
Vnd sie mit den negeln rürn an
Da die bünd recht solten stan.

Die finger müssen oben sein
Auff den vorgnanten Geiglein /
Drauff auch keine bünde gelegt
Itzlich finger zwen bünd verhegt /
Wie ich dir klerlich werd abmaln
Bey den figurn mit den zaln
Geschrieben auff der rechten seit
Da hast du gründlichen bescheid.

Volgen andere drey mei=
sterliche figurn / darinne das
fundament der Polischen / vnd
kleinen onebündischen geigen /
auff welchen die seiten die
quint gestimpt / kler=
lich eröfnet wird.

Des Discants kragen.

Ge	de	♭
a	e	♮
b	f	c̄
♮	fe	ꝛe
c	g	d̄

1

2

3

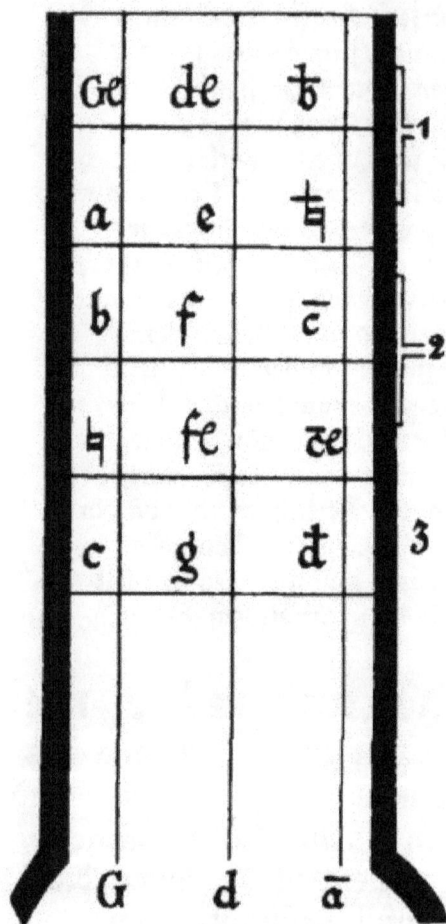

Durch diese zaln solt du verstan
Der finger application.

G   d   ā

quint.   quint.

Das ander Capitel.

Von den querlinien.

Die querlinien auff den kragen
Werden mit der feder gzogen
Vnd zeigen wo die griffe sind
Die man sunst erkent durch die bünd /
Wie ich hernach werd melden fein
Darumb las dirs befohlen sein.

Des Tenor vnd Alts
kragen.

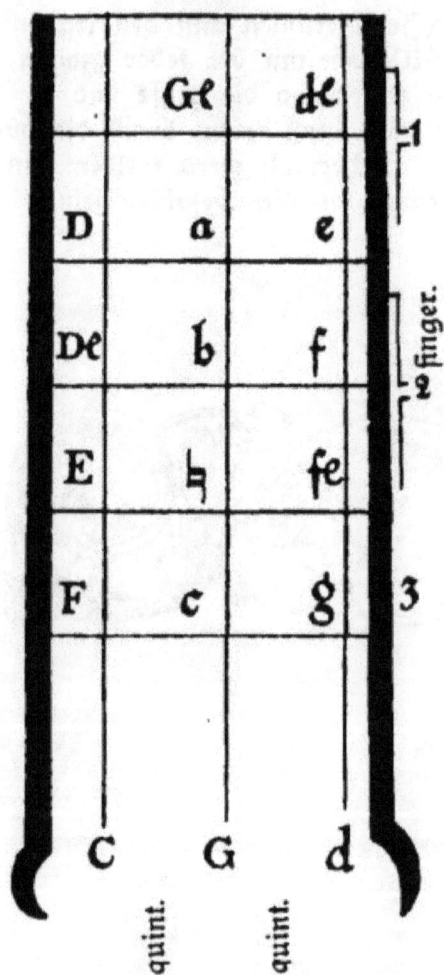

Des Baß kragen.

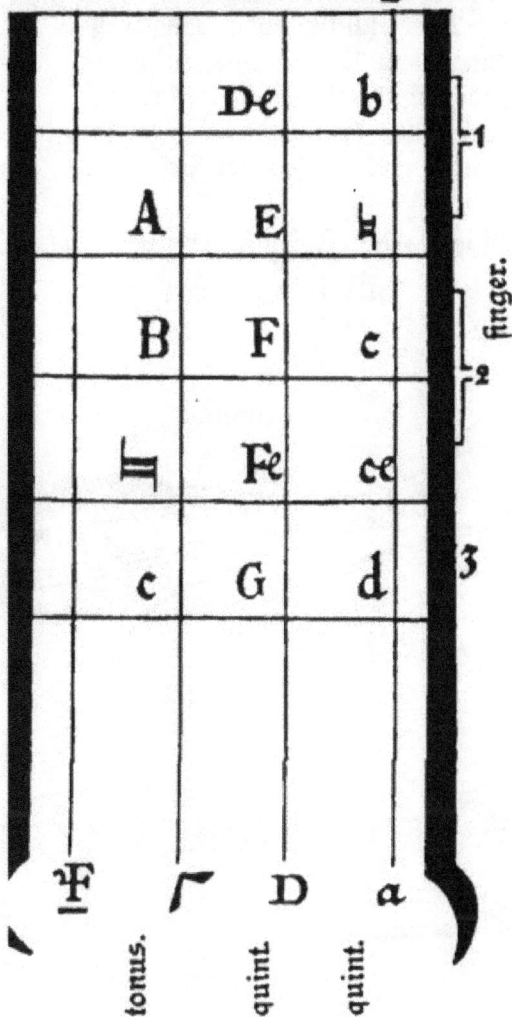

Vch soltu alhie wissen das
Das etzliche zihen den Baß
Vnter dem Tenor eine quint
Jeder thut wie er ist gesint /
Aber nach dem bedüncken mein
Deucht mich dieser der best sein.

Vier kleine Geigen one bünde / vnd mit dreien Seiten.

Discantus.

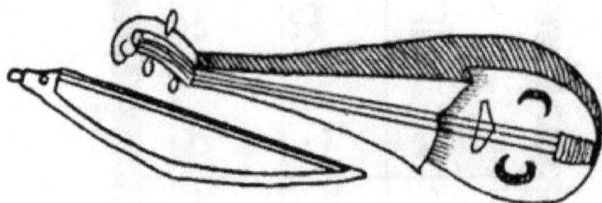

Altus.

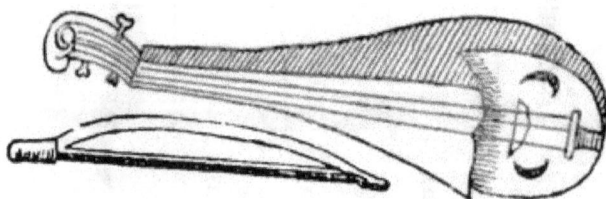

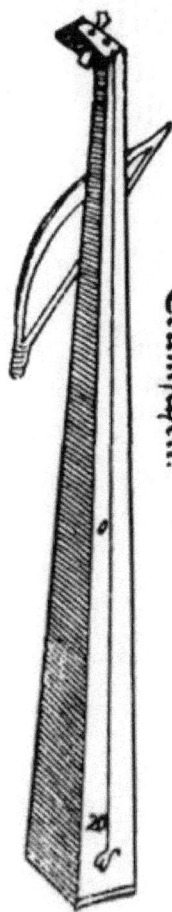

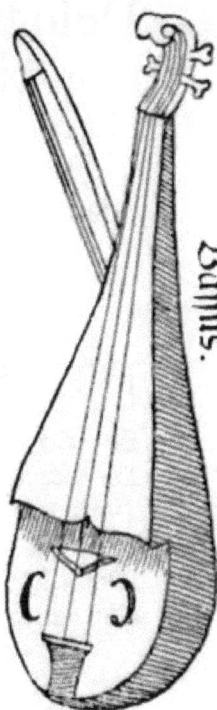

Trumſcheit.

Tenor.

Baſſus.

216

Volget ein ander figur /
wie die griffe der Poli-
schen / odder kleinen dreyseitigen vnd onebündischen Geigen / jnn der quint gezogen /
mit dem zirckel wer-
den abgemessen.

WJlt du haben das fundament
Der beyderley Geigen jtzt gnent /
So zeichen drauff buchstaben schlecht
Da sich die griffe begeben recht /
Doch mit dem zirckel gmessen ab
Wie ichs alhie begriffen hab /
Wie ich vom Discant werd sagen
Thu auch mit den andern kragen.

Eine schöne figur von
des Discants abmes-
sunge.

G   Der

Der Discant.

1
2
3
4
5

teile
vom

ā
ā
d̄
c̄
c̄

bis
zum

0
0
0
0
0

in

9
4
8
8
9

teil

das erste teil gibt x̄i.

das erste teil gibt d̄.

der zird. vom erste punct
zurück gelassen gibt c.

der zird. aber zurück gela
ssen gibt
b̄.

nim zurücke fünffe dar.

uon / und setze cis.

Von den andern zwei-
en kragen.

Mjt meſſung dich des gleichen halt
Jm Tenor / Baß / darzu im Alt /
Jdoch die meinung recht vernim
Alſo das ein itzliche ſtim
Die buchſtaben die jhr zughörn
Habe / wie man oben thut ſpörn.
  Wenn das abmeſſen iſt verant
So zeuch mit der federn zuhand /
Linien vbern kragen her
Auff die geſatzten punct die quer
Da befunden die buchſtaben
So kanſtu die griff recht haben /
Dann es müſſen ſich gantz eben
Die griffe hart dran begeben
Wie auff den / die Welſch zugericht
Harte für den bünden geſchicht.
                    G ij   Vom

Das ander Capitel.

Vom zuhauff stimmen
der dreyseitigen Polischen od=
der kleinen handgeigen / ein
vnterrichtung.

1. Zeuch die Quintseit so hoch sichs zimpt
2. Die ander ein quint drunder gstimpt /
3. Also die dritt vnter der andern
So magstu jhm recht nach wandern
Wenn gestimmet ist der Discant
So zeuch die andern / wie volgt zhandt.

Wie der Tenor nach
dem Discant wird ge=
stimmet.

Wie der Baß nach dem Disc. wird gezogen.

1
2 } im Disc. zum {a. b.} los / zeuch im Ten. {b. c.} los / in fubbiapent.
3

1
2
3
4 } im Disc. zum {a. b. c.} los / zeuch im Baß {a. d.} los / in fubbiapafon.
f. gegriffen / zeuch im Baß f. los / in fubbiapafon.

Das ander Capitel.
Epilogus.

Das die Organiſtiſche
art vnd Coloratur die beſte /
vnd billich auff allen Inſtrumenten zugebrau-
chen ſey.

Wiewol alhie noch etwas mehr
Von ſolcher kunſt zuſagen wer
Als nemlich vom Coloriren
Vnd von Mordanten zufüren.
Welchs trefflich ziert die Melodey
Auff Inſtrumenten allerley /
Dieweil ichs aber auff dis mal
Alhie nicht kan beſchreiben all
Denn es wolt werden viel zulang
So las ich fahren dieſen ſchwang.

   Wiltus aber gleichwol wiſſen
So magſtus von eim meiſter gnieſſen
Der auf den Inſtrumenten kan
Der wird dirs gründlich zeigen an /

Nota. Aber dieſen radt hab von mir
Die Orgliſche art imitier
Im Pfeiffen / Geigen / Lautenſchlan
Vnd wie man ſie mehr nennen kan /
Denn ich ſag es zu dieſer fart
Das dieſe iſt die beſte art

Organica Mit Coloratur / Rißwerck auch
Coloratu- Drumb üb dich wol jnn ſolchem brauch.
ra optima.
                                Das

Das dritte Capitel /
von künstlicher abmessung der
bünde auff Lauten / vnd des
Monochordi / allen Lautini=
sten / auch Geigern etc. gantz
nötlich zuwissen / eine kür=
tze vnd verstentliche
anweisung.

WEiter ist alhie zumercken
Von etzlichen tapfern wercken
Die aus den gsagten herfliessen
Du solt sie auch von mir gniessen /
Vnd faß gar wol diese geschicht
Wie man den Lauten hals zuricht /
Des gleichen auff Geigen gemein
Dis wird die rechte meinung sein.
Wilt du die bünd recht auff legen
So thu der sach also pflegen /　　　　Testudinis
Teile bey der höchsten allein　　　　colli prae·
So kommen die bünd vber ein　　　paratio.
Vnter allen andern seiten
Also soltu es bereiten.
Beim obersten end wird g. gemalt　　Dimensio·
Vnten beim querholtz wird o. gstalt /　nis exordiu.
Vnd schaw vleissig auff diesen schwang
　　　　　　　G iiij　　　Das

Das dritte Capitel.

Das der zirckel hab sein anfang
Hart am höltzlein wird solchs geübt
Da sich die scheidung der seit bgibt /
Vnd mus die teilung hinab gan

finis di-
menstonis. Da die seiten gebunden stan.
Auch must eben drauff passen
Das der zirckel bhalt sein strassen /
Dann man versichts als vmb ein har
Das die teylung falsch wird gantz gar.

Nota. Auch mercke eins darneben
Wo sich die buchstabn begeben /
Stich mit dem zirckel ein punct hin
Vnd behalts gar eben im sin.
Wiltu nu solchem recht nachgan
So schaw die volgend figur an.

Die figur der abmes-
sung des Lautenkragens.

teile vom   bis zum   in   teil / vnd zurücke   darvon / vnd setze

Das dritte Capitel.
Wie weiter zuhan=
deln sey.

WEnn die teilung nu ist verant
So leg die bünd Creutzweis zhandt
Gleich auff die punct der buchstaben
Laß sie vbern kragen draben.

Die bünd so du hebst oben an
Sölln alzeit kleiner hinab gan /
Darnach magstu weiter hantirn
Vnd die rechten buchstaben führn
Vnter die andern seiten bhend
Wie darunten erscheint am end
Auff dem Lauten kragen gantz klar
Findestu sie ohn alle gfar /
Daraus man leichtlich verstehet
Wie das absetzen zugehet
Auff die Lauten nach rechter art
Das sag ich dir zu dieser fart /
Also ist die Laut bereitet recht
Das merck von eim getrewen knecht.

Nach dieser art / wie jtzt gemeld
Solten billich werden gestelt
Aller Lauten vnd Geigen bünd
So verblieb manche schale roßquint /
Die sie offt müssen zwicken
Welche die bünd nicht recht schicken.

Das aber fast das gröste part
Der Lautmisten vnd Geiger art
Alle bünd machen gleich von ein

Gibt

226

Gibt warlich einen groſſen ſchein
Faſt jhrer vnerfarenheit
Das ſie der kunſt nicht wiſſen bſcheid
Welche die edle Muſick meld
Drumb ſie auch ghörn jns lerchen feld /
Dann ſie verſtehn gantz vnd gar nicht
Wie die Teilung Toni geſchicht /
Auch wiſſen ſie nicht das ein bund
Der Semiton minus / thut kund /
Sol was weiter vom volgenden ſtan
Denn der nechſt für jhm hat die ban.
Drumb iſt Semiton maius / zwar
Was gröſſer als minus / furwar /
Dann maius / hat fünff Commata
Vnd minus allein vier allda /
Wie das Monochordum außſtreicht
Da ſpört man wie es wird vergleicht.

De Toni diuiſione, binis Semitonijs,
& Commate.

Tonus, vel ſecunda maior, duobus cōſtat
ſemitonijs, maiore & minori. Maius quin
q3, & Minus quatuor complectitur commata, Est autem Comma tenuiſſimum in
teruallum, quorum nouem Tonum con-
ſtituunt integrum.

Alhie iſt die rechte Muſi
caliſche vnd newe Tabulathur auff den
Lautenhals geſchrieben / darnach
man leichtlich auff die Lau
ten lernt abſetzen.

227

Ge	Ce	Fe	b	de	ge
A	D	G	♮	e	ā
B	De	Ge	c	f	b̄
♮	E	a	ce	fe	♮̄
C	F	8	d	ϑ	c̄
Ce	Fe	♮	de	ye	c̄e
D	G	ſ	ʒ	α	d̄

r					
G	c	F	a	d	g

228

Von den vnisonis/odder

gleich lautenden buchstaben des
Lautenkragens / zum absetzen
gantz nötlich zuwissen /
eine figur.

dieser laut gleich

C
D
fis
a
xb
d
e
gis

mit dem

C
D
fis
a
♮
d
e
gis

vnd der

Cis
f
G
b
c
dis
g
a

mit diesem

Cis
f.
G.
b.
c.
dis.
g
ā.

229

Das dritte Capitel.
Vom abzuge der Lauten.

DJeweil viel gesang wird componirt
Der Ff. vnterm Γ. berürt
Der nicht füglich wird geschlagen
Nach dem gmelten Lauten kragen
Es sey denn das man braucht zuhandt
Auff der Lauten / den abzug gnant /
Nemlich wenn der vnderste Chor
Ein Ton niddriger gstelt / dann vor
Darnach schwerlich zuspielen ist
Mich deucht dis wer die beste list
Das man sie liesse bereiten
Bezogen mit dreyzehn seiten
Drauff man solchen gsang machen kan
Wie diese figur zeiget an.

Im abzuge der Lauten.

Gibt die vnderste seit los / Ff
Der erste bund das Ffis betreff
Der ander G / der dritte Gis
Der vierde A. das gleub gewis
Der fünffte B. der sechste ♮
Der siebend gibt das grosse C.

Ein ander Lauten kra=
gen / darauff dreizehen seiten
gezogen / vnd die Musicalische mit sampt
der alten Tabulathur appli=
zirt sein.

ff f.	GG	Cc.	ff.	aa.	bb.	
	G	C	F	b	de	
	A	A	B	c	g	e
	A	D	G	♮	e	a
	f	f	d	h	i	
	B	De	Ge	c	f	
	e	e	m	n	o	p
	♮	E	a	c	fe	♮
	q	q	r	f	t	v
	C	F	B	g	g	c
	e	e	ij	z	q	g
	Ce	Fe	♮	x	ye	c
	A	A	B	c	g	e
	D	G	c	e	a	d
	ff	f	g	b	i	e

ff G C f a d g

1 1 2 3 4 5

231

Das dritte Capitel.

Wie die guten Seiten auff Inſtrument mit
ſcheffen ſeiten bezogen / als
Lauten / Geigen / Harffen /
Pſaltern / Leyrn etc. erkant
vnd ausgeleſen
werden.

WEnn du auffthuſt ein gebündlein
Nim die ſeit wie lang ſie ſol ſein /
Nach dem Inſtrument ſie abmis
Auch mas hie volget nicht vergis /
Spann ſie mit den henden von ein
Schlag ſie mit dem dritten allein
Das ſie fein zittert vnd brummet
Mercke vleiſſig was draus kümmet /
Ja geringer widderſcheinung dar
Ja beſſer die ſeit / gleub mir furwar /
Widdrumb ja gröſſer widderſchlag
Ja erger ſeith / wie ich dir ſag
Ein ſolche ſeit / wie jtzt gemelt
Kan nimmer recht werden geſtelt /
Drumb muſtu ſie ausleſen wol
Wo ſie rein vnd recht lauten ſol.

Wie die

Wie die ausgelesen sei=
ten jnn die sechs Chör der Lau=
ten / recht geteilet vnd ver=
ordnet werden.

1. Zum G nim eine grobe seit   Γ. ̅l.
2. Das C / ein wenig kleiner steth /   C. l.
3. Das F / aber subtiler ist   F. 2.
Auch sag ich dir zu dieser frist
Das zu einem jtzlichen Chor
Ein messig jnn der Octau ghor.
4. Das a. mit zwuen mitteln bezeuch   a. 3.
Also das sie im laut sein gleich.
5. Das d. zeuch auch wie jtzt verzalt   d. 4.
Jdoch jnn einer kleinern gstalt.
6. Auffs g. gehört die aller kleinst   g. 5.
Vnd sey vnter allen die reinst /
Denn ist sie falsch / sag ich dir frey
Verderbt sie ganz die melodey.

              H   Wie

Das dritte Capitel.

Wie die seiten erstlich auff die Lauten verordnet / vnd wie eines jtzlichen Chors zwo besonderlich zusammen gezogen / vnd / wie jtzunder der gebrauch / durch Quarten vnd die Tertz gestim met werden.

Zv dieser zeit die Lautinisten
Zihn die Lautn mit solchen listen /
Erstlich das g. mus so hoch stan
Wie sie es jmmer leiden kan
d. vom g / a. vom d / ein quart
f. vom a. die Tertz bewart.
C. vom f. / G. vom C. die quart bheld
So sind sie alle recht gestelt /
Daruon volgt ein figürlein fein
Wie sie alle zustimmen sein.

Volget die erste figur / vom auffzihn der seiten.

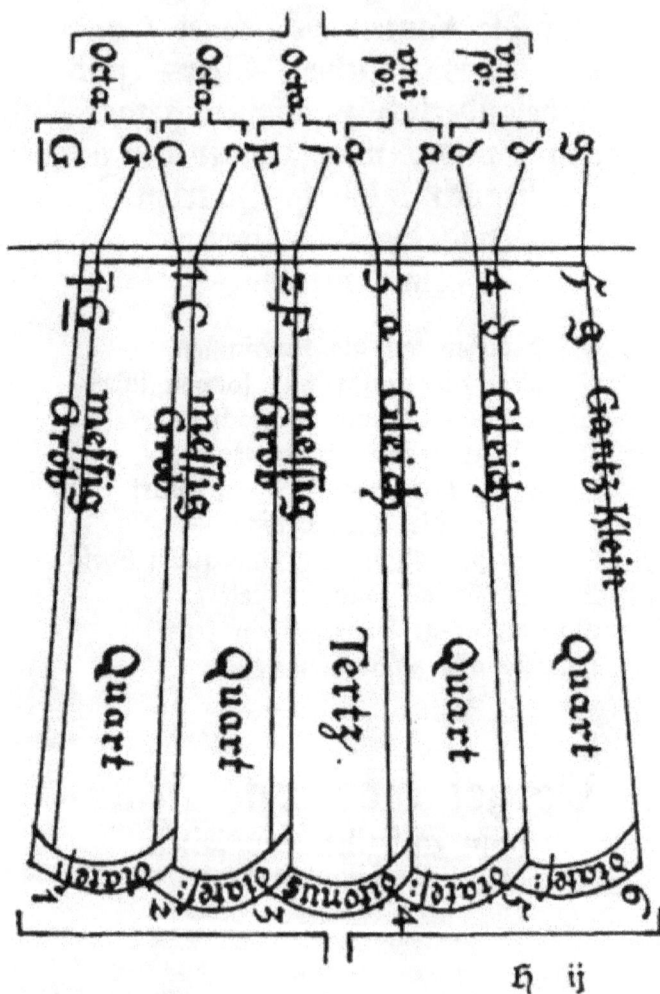

Das dritte Capitel.

Ein ander leichter vnd
subtiler denn die vorige art / die Seiten durch Octauen recht zustimmen.

Dieweil solch stimmen ist gantz schwer
Wie wir haben gelert bisher
Vnd am meisten den lehrjungen
Die nicht viel haben gesungen /
So wil ich ein leichter art melden
Durch Octauen / die feylt selden /
Denn ein Octau ist leichter furwar
Als Tertien vnd Quarten gar
Wie ein Musicus sagen mus
Dis sey gesagt zum vberflus.

    Nu volget nach die leichte art
Vom Lautenzihn zu dieser fart.
1. Zeuch die Quintseit so hoch du magst
Das sie nicht reist wenn du sie schlagst.
2. G. gegriffen von dem g. los
Ein Octau niddriger lauten mus.

3.		G		G		herunt.
4.	zeuch	a.	los / vom	ā.	ein Oct.	herunt.
5.	das	C	gegriffen.	c		herunt.
6.		d.		d̄.		hinauf.

Weiter darffstu nicht mehr fragen
Denn sie sind all recht gezogen /
Daruon volgt ein figürlein subtil
Darnach halt dich zu allem zil /
Die schanckte mir das Musiclein
Zu jhr steht gmüt vnd hertze mein /
Darmit ich dich itzund vorehr
Sie wil mir geben noch viel mehr.

Volget die ander figur /
wie die seiten durch Octa=
uen leichtlich zustim=
men sein.

☘ * ☘ * ☘

Das dritte Capitel.

Von den namen vnd fi
gurn der Inſtrumentiſchen Se
mitoniorum / die zur fictam
Muſicam gehörn / ein
figürlein.

Cis ⎫
Dis ⎪
Gis ⎬ bedeutet fa im
Fis ⎭

⎧ D. ⎫ des glei.
⎪ E. ⎪ chen von
⎨ a. ⎬ jhren Oc
⎩ G. ⎭ tauen.

Lauten.

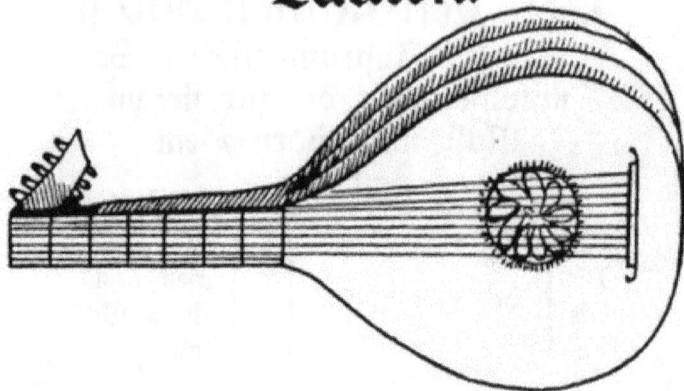

Quintern.

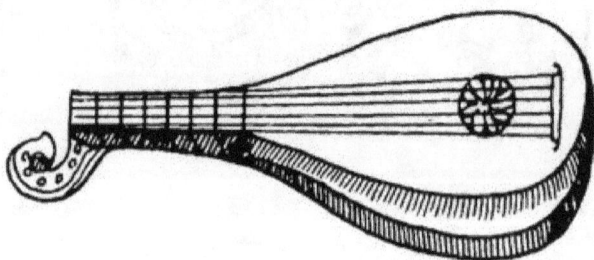

Von der Lauten auff ein ander
mal mehr.

239

Das dritte Capitel.

Von der abmeſſung vnd zurichtung des Inſtrum=
ments Monochordum gnant /
jnn welchem viel verborgner
kunſt zur Muſica vnd allen In
ſtrumenten dienend / be=
griffen / gantz kürtz=
lich jnn reime
verfaſſet.

Monochor
di deſcri·
ptio.

MOnochordum ein Inſtrument
Viereckicht / hol / einſeitig gnent /
Vngefehrlich ſechs ſpannen lang
Einer halben breit / merck zum anfang /
Darauff künſtlich die Interualla
Darmit vmbgeht die Muſica
Durch den Zirckel abgeteilet
Das nicht ein har breit dran feilet.
Welches vor zeiten die alten
Inn groſſen wirden gehalten /
Darnach erſtlich die lehrjungen
Im gſang die ſtimme recht zwungen
Wie jtzlicher Modus begert
Dadurch ward die vbung gemert
Wie vns anzeigt Guidonis lehr

Vnd

Vnd anderer Scribenten mehr.

Dann wo es recht wird zugericht
Zeigts klerlich vnd vnerticht
Wie itzlicher Modus klinget
Vnd wie man die felle singet.
Auch ist leichtlich abzunemen
So man jhm recht wil nachrehmen
Das Clauchorda / vnd der gleichen
Ob sie mit art einander weichen
Angefangen vom Monochord
Laß dir nicht mißgfalln diese wort /
Mus auch die Mensur vnd bretlein
Drein die Claues im corps gezepfft sein
Jm Clauicord / gleich so zugan
Vnd wie Monochord gmessen stan /
Auch solln die Tangenten furwar
Die auff den Clauirn sticken gar
So die teilung recht sol zugehn
Gleich gegen der teilung punctn stehn /
Wo recht gebraucht wird diese schantz
So gibts ein rechte resonantz.

Weiter ist alhie zuwissen
Das all Jnstrument draus fliessen /
Als Orgeln / Pfeiffen / wie ich sag
Vnd wie man sie mehr nennen mag /
Denn wie geübt wird dieser brauch
So geschichts auff den Pfeifflöchern auch /
Auff dem Lauten hals / wie vor gmelt
Auff Geigen sichs auch also helt /
Vnd so von den andern furtan

H v Daruon

Das dritte Capitel

Daruon ich jtt nicht sagen kan.
Wie es aber wird zugericht
Zeigen gründlich diese geschicht.

Volget die abteylung.

1.

Breuis
Monochor
di / dimen-
sio.

ERstlich setz ein punct zu vorn an
Des gleichen ein f. harte dran
Den Schlüssel negst vnterm Γ ut
Das saß vnd behalts jnn deinem mut.
Darnach ein O das end bewar
Dis zil aller austeylung zwar
Ein pünctlein mitten drein gemacht
Wird das rechte zylmaß geacht /

Occulta
vel coeca li
nea.

Daruon zum f. ein linea zeuch
Drauff alle punct gstalt werden gleich.
Den Zirckel aus der hand nicht laß
Dann er zeigt stets die rechte mas /
Drumb heist er ein meister der kunst
On jhn ist alle teylung vmb sunst.

Endlich die leng f. zum O
Teile in neun gleiche teil also /
Auffs erste teil wird Γ. gemalt
Vnd auff das dritte C. gstalt /
Im fünfften G. im sechsten c.
Im siebenden gsolreut stehe
Die andern teil las ledig stan
Vnd sich wie du handelst furtan.

Teile

242

2.

Teile die vorige leng in acht teil
Vnd das ander Bfa ereyl
Das vierd f. / fünfft bfa wil han
Das sechst f: / siebend ff. gwan.

3.

Mache von Γ. vnd O. neun feld
Ins erst wird A. jns drit D. gstelt /
Auffs fünfft a. sechst d. allein
Dem siebenden ist aa. gemein.

4.

A. vnd O. jnn neun teil parthir
Inn das erst ♮. / jns dritt E. führ /
Das fünfft ♮. / vnd sechst e. berürt
Im siebenden wird ♮♮. gespürt.

5.

Im mittel $\begin{Bmatrix} c \\ d \\ e \end{Bmatrix}$ vnd O / setz $\begin{Bmatrix} cc. \\ dd. \\ ee. \end{Bmatrix}$

Es wird ein jtzlich Octau zwar
Durch die Duplam ⅄ geteylt furwar /
Drumb sie offt Dupla wird genant
Wie den Theoricis ist bekandt.

Von

Das dritte Capitel.

Von der zuschreibung
der Semitoniorum.

6.

Simitoni-
orū dimen
sio.

Teile ♮. vnd ○ in zehen part
Das erst Cis / ander Dis bewart /
Das vierde Gis / sechst dis annimpt
Dem siebenden gis / achten ddis zimpt.

7,

Cis vnd ○ in acht teil gemacht
Jns ander Fis / jns vierd cis gbracht
Jns fünfft fis / sechst ccis gesatzt
Wird ein bequem teilung geschatzt.

8.

Zum letzten bb. auch darzu gehört
Vnd wird im mittel b. C. gespört /
Also ist die teilung verbracht
Vnd dis Instrument recht gemacht.
Wiltu solchs alles ergründen
So thu ein seit drauff binden /
Vnd leg ein höltzlein auffs erst F̲
Also das die seit drauff treff /
Mitten auff dem punct sol es stan
Als dann gewindts die rechte ban /
Des gleichen auff das ○ am end
Darnach halt an die seit behend

Dimensio-
nis proba.

Ein höltzlein auff die seit gstelt
Beim buchstaben der dir gfelt
Vnd laß weidlich brummen die seit

Also

Also das man den klang versteth /
Solchs thu gegen der rechten hand
Es sey dir gsagt on allen tand /
So wirstu gwislich hören
Vnd des Schlüssels melodey spören /
Es wird dir nicht feiln vmb ein har
Versüchs so magsts erfahrn furwar.
Ich wolt wol daruon sagen viel
Wenn sichs schicket zu diesem zil
Was für nützbarkeit darinn ist
Verborgen vnd braucht wird mit list
Zur Theorick / vnd andern dingen
Welch die Musick dar thut bringen /
Aber es mag dar bey bleiben
Bis ich mehr daruon werd schreyben
Drumb laß dir an dem gnügen nu
Bis ich dir mehr werd fügen zu.

Volget weiter ein künst liche figur / wie ein jtzli= che octaua besünderlich auff dem Monochordo nach den proportion der Pytagori= schen hemmer gründ= lich wird abge= messen.

Das dritte Capitel.

Anpos mit Hemmern.

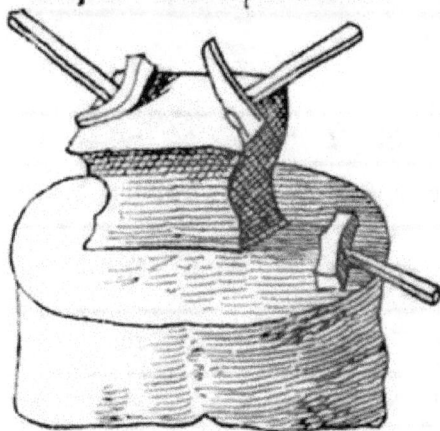

IN dieſer figur kanſtus ſehn
Wie die abteylung ſol geſchen
Nach den vier hemmern / mercke das
Wie vns leret Pythagoras.

* ♣ *

Teile

erſt)	2 3 4 5 6 7 8 9	

das

℥ ℔ ℥ ℔ Γ ℔ ℥ ℔

vnd 0 nach der proportz des

erſten) 2 2 2 1 1 1 1 1

hammers / zu dem

4 3 3 2 2 2 2 2

in

zwē) 9 9 4 4 4 4 4

teil / vnd nim gegen der rechten

ein) 8 8 8 5 5 5 5 5

teil daruon / vnd ſetze

5 21 Γ B A D Dis E.

proportio

Dupla. Diapaſ. $\frac{2}{1}$
Sesquioct.)
Sesquioct.) Tonus $\frac{9}{8}$
Sesquioct.)
Sesquiter.)
Sesquiter.)
Sesquiter.) Diateſ. $\frac{4}{3}$
Sesquiter.)
Sesquiter.

Von der addirung der
andern Semitoniorum.

10.

Mach vom Dis / O zwei gleiche part
Setz den zirckel jnn seiner art /
Jns Dis / vnd las jhn hinab gehn
So sichstu das Gis sol da stehn.

Semitoni
orum reli-
quorum di
menso.

11.

Teil Gis / O nach dieser proportz
Jnn vier gleiche teil / sag ich kurtz
Nim zur rechten drey teil daruan
So findestu wo Cis sol stan.

4
3

12.

Teyle Cis vnd O jnn zwey teil
Las den zirckel jnn schnellem eil
Aus dem Cis hinunter hangen
So magstu das Fis erlangen /
Das vnderst end wirdts melden drat
Wo es sein eigne stelle hat.
So ist ein Octau abpartirt
Mit allen Semiton gezirt /
So thu wenn du höcher wild gan
Vnd die andern Octaun anfahn.
Doch ich wil dich vnterrichten
Wied im kürtzer sold nachtichten /
Teil jedern jnn der ersten zeil
Mit dem O jnn zwey gleiche teil

Vnd

247

Das dritte Capitel.

Quaeque
Octaua in
gta / Duple
proportio-
nis exigen-
tiam / diui-
detur.

Vnd ein buchstab jns mittel gsatzt
Wird die Octau drüber geschatzt /
Als wiltu die Octau zuhandt
Vbrem A. / alamire gnant /
Mache zwey teyl vom A. zum O.
Setz jns mittel punct a. aldo /

2. Also halt dich mit den andern
1. Die ein Octau hinauff wandern /
Wenn die ander Octau verbrocht
So hab ich noch weiter zuflucht
Zur dritten Octau / als ich acht
Die wird nach der andern gmacht /
Vnd die vierd nach der dritten
So halt dich jnn andern schritten /
Wenn du mehr Octaun wild addirn
Must du diese practica führn.

Die

248

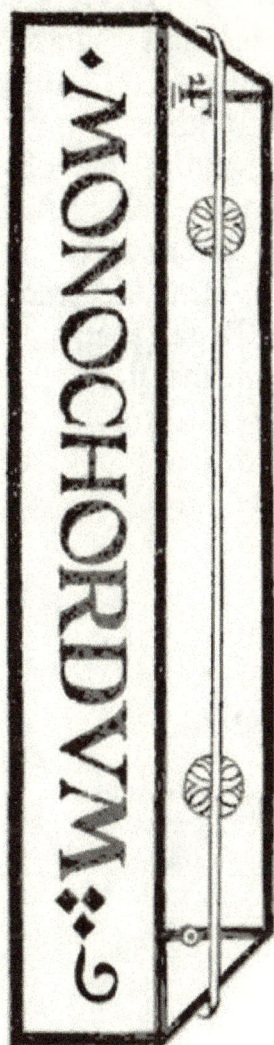

Fulcrum
inferius.

Fulcrum
superius.

MONOCHORDVM

Die Gestalt des Monochordi.

J

249

Das vierde Capitel / von den vier Pythago-

rischen Hemmern / mit sampt jhren proportionibus / aus welchen viel nützlicher kunst entspringet / als nemlich die ab teilunge der Geigen vnd Lauten kragen / vnd Monochordi / wie oben gelert / Item die leng vnd weite der Orgel pfeif- fen / vnd künstliche stim- mung der Zimbeln / odder Glöcklein etc. / wie vol- get.

Vorrhede.

DEr meister Pythagoras gnant /
Inn der Rechen kunst wol bekant /
Inn der Musica des gleichen
Wie melden volgende zeichen /

Von

Von der Music zu seiner zeit
Hatten sie ganz dunkeln bescheit /
Dann sie war bey jhn nicht so klar
Wie jtzt bey vns / gleub mir furwar /
Drumb speculirt er manche stund
Das er erfüre den rechten grund
Dieser Music edel vnd zart
Nach speculatiuischer art
Wie es zugienge mit den sonis
Vnd er der sach würd gewis /
Nemlich / was für proportion
Gibt der hoch vnd niddrige Ton
Wenn sie werden zuhauff geschatzt
Wie Theorica daruon schwatzt

Testätibus
Bernone /
et Guido-
ne / etc.

    Wolan / Gott thet jhn villeicht rürn
Das er auff ein zeit gieng spacirn /
Vnd für eines Schmides thür kam
Alda seltzam meldey vernam /
Von den hemmern geschlagen schlecht
Auffs eisen durch die Schmideknecht
Die fluchs auff den Ampos schlugen
Das die funcken ümbher flugen.
Er stundt mit aufgerackten ohrn
Dacht / es wird ya nicht sein verlorn
Sondern noch alles werden gut
Vnd bewugs fast jnn seinem mut /
Da die hemmer klungen gemein
Einer grob vnd der ander klein /
Wie mags doch haben ein gestalt
Das sie resonyrn so manchfalt?

Macrob.
lib 2. de
Somnio
Scipionis.
Itz Boet.
etc.

                    Jij   Ein

Das vierde Capitel

4. malleo-
rū phthon-
gi.
1. Conus.
2. Diateß.
3. Diapent.
4. Diapaſ

Ein Tonum / Diateſſaron
Diapent / vnd Diapaſon /
Hört er dar klingen eigentlich
Vnd dacht / es wundert warlich mich
Dilleicht leit es an der ſterke
Der Schmidknecht jnn dieſem wercke /
Vnd lies bald die hemmer mutirn
Einen jedern ein andern fürn
Denn er vorhin hatte gethan
Vnd hies ſie freidig drauff ſchlan
Die hemmer aber lies er jhn
Welch ſie hatten gehabt vorhin /
Allein das man ſie verwandelt
Vnd etwas anders mit handelt.

Als er nu lange zugehört
Vnd nicht andere ſonos ſpört
Dann wie es vorhin was geſchen
Gedacht / wie mag es doch zugehn?
Weil es nicht an den armen leit
Wirds haben einen andern beſcheid
Dilleicht ſolchs die gewicht bringen
Das die hemmer alſo klingen.
Vnd verſucht einen andern poſſen
Lies der hemmerſtiel außſtoſſen
Vnd die vier eiſen ſchlechts wegen
Wartet was jhm möcht begegen /
Da fand er erſt die rechte liſt

Inuentio
speculati-
uae Muſi-
ces.

Welche Theorica gnant iſt
Nemlich / durch der hemmer gewicht
Mit proportion zugericht /

Als

252

Als Duplam $\frac{12}{6}$ Sesquialteram $\frac{9}{6}$
Sesquitertz $\frac{12}{9}$ Sesquioctauam $\frac{9}{8}$
Das waren die gewicht furwar
Der vier hemmer gantz offenbar

    Vom erſten vnd vierden in Dupla $\frac{12}{6}$. Diapas.
Ward gehort die Octaua.

Erſt vnd dritt Sesqualtera gnend $\frac{9}{6}$. Diapen.
Klungen klerlich die Diapent.

Der erſt / ander die Sesquitertz $\frac{12}{9}$. Diateß.
Gaben Quartam / on allen ſchertz.
Sesquoctaff der ander vnd dritt
Ein gantzen Tonum brachten mit. $\frac{9}{8}$. Tonus.
    Alſo / wie erſcheint hie vnden
Hat er die vier Modos funden /
Als Tonum / Diateſſaron /
Diapenten / Diapaſon /
Vnd was eins jedern proportz ſey   Pythago-
Wie Theorica leret frey /   ras ſpecula-
Welche er erfunden erſtlich   tinae Mu-
Wie ich laſſe bedüncken mich /   ſices / pri-
Daraus flieſſend künſte manchfalt   mus inuen-
Wie alhie etwas wird verzalt /   tor.
Sich erſtlich an dieſe figur
Darnach was ich mehr bringe herfür.
               Jiij   De

Das vierde Capitel.

DE RELIQVIS SIC IN-
quit Macrobius lib. 2. de Scipionis Somnio.

Cunq3 Pythagoras fibi diuerfitatem
ponderis, quod habebatur in singulis mal
leis, annotasset, alijs ponderibus in maius
minusue excedentibus fieri malleos impe-
rauit, quorum ictibus soni nequaq3 prio-
ribus similes, nec ita sibi confonantes exau
diebantur. Tunc animaduertit côcordiam
vocis lege ponderum prouenire. Collec-
tisq3 numeris, quibus consentiens sibi di-
uersitas ponderum continebatur, ex malleis ad fides vertit examen, & intestina oui
um vel boum neruos tam varijs ponderibus illigatis, tetendit, qualia in malleis
esse didicerat. Talisq3 ex his concentus eue
nit, qualem prior obseruatio non frustra
animaduersa, promiserat, adiecta dulcedi-
ne quam natura sidium sonora praesta-
bat, & c.

Die

254

Die erste figur der vier

Hemmer / jnn welcher jhre
proportiones auff den vier
linien recht abgemef·
fen fein.

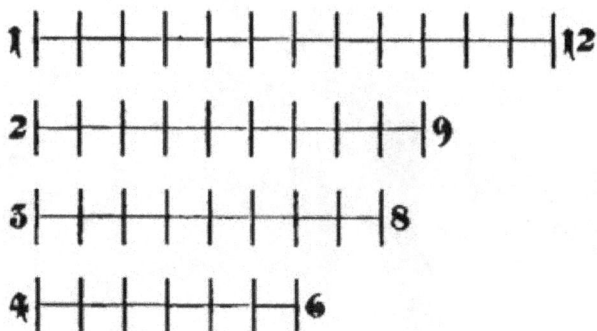

Jiiij   Alhie

Alhie weget Pythagoras die vier Hemmer.

Volget die ander figur /
jnn welcher die gestalt
der vier Pythagorischen hem=
mern / mit sampt jhren propor
tion / Theorice vnd Prac=
tice / fein deudlich ver=
fasset / vnd abge=
malet ist.

J v

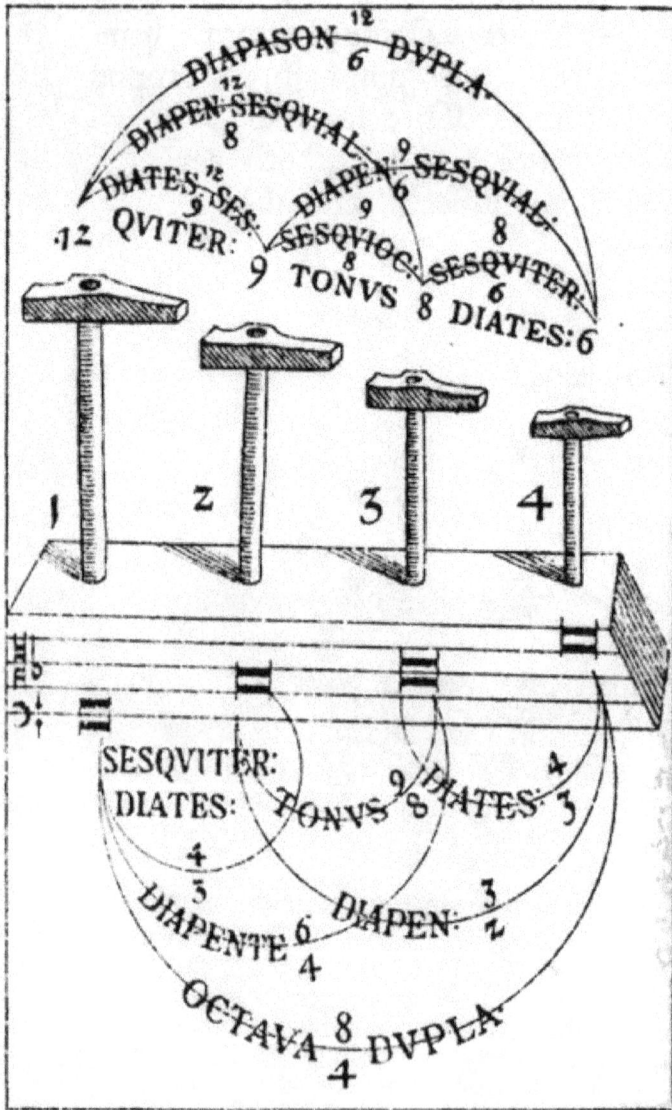

Die beschreybung der
Proportion.

PRoportz / nach dem gemeinen lauff
Ist / wenn zwey ding geschatzt zuhauff
Die einerley sein jnn gestalt
Als zalen zu zaln / das behald
Linien zu linien auch
Also corpus zu corpus brauch /
Noten zu Noten / Laut zu Laut
Wie jnn Musicken wird bedaut /
Als figral vnd Theorica
Liß darnach / so findests alda.

Proportio
nis defini
tio.

    Weiter laß dichs nicht verdriessen
Das ichs so kurtz werd beschliessen /
Vnd von der teilung hie schweigen
Der Proportz / auch nicht anzeigen
Wie viel geschlecht die Proportz hoth
Dann ich acht es sey jtzt nicht noth /
Weil ichs klar beschrieben jens mal
Jnn einer Deudschen figural /
Da wirstu gnugsam finden von
Drumb wöllen wirs hie lassen stan /
Vnd (vmb kürtz will) schreiben allein
Von dem das vns nötlich wird sein.

Excusatio
compendio
se propor-
tionis de-
scriptionis

Anno 1532.

                        Vom

Das vierde Capitel.

Vom addirn in pro=
portion.

WIltu nu weiter speculirn
Vnd proportz zur proportz addirn /
So setz sie jnn die kleinste zal
Wie ichs werd leren hernachmal /
Darnach werdens also addirt
Wie man brüche multiplicirt
Den nenner jnn nenner gebracht
Zeler jnn zeler / so ists gemacht.

Proportio num additio.

Denominator inferior / numerator superior dicitur.

Proportionum, Hemioliae & ses-
quitertiae, additio.

ALs du woltest addirn Sesqualteram
Zur proportz Sesquitertiam   32
Das ist im gsang Diapente   24
Zur quartam / gleich wie ichs verste /
So setze beiderley proportz
Jnn die kleinste zalen fein kurtz /   3
Als Sesquialteram also   2 Diap.

Sesquitertiam wie alda / $\frac{4}{3}$. Diatess.
Sprich 3 mal 4 thut 12 geben
Vnd 2 mal 3 ist 6 eben /
So wird daraus Dupla zuhand
Jm gsange Diapason gnand /
Also thu mit den andern auch
So fürstu recht solchen gebrauch.

$\frac{4}{3}$

$\frac{12}{6}$ Dupla.

Wie

Wie Sesquitertia zur
Triplam addirt wird / ein ander Exempel.

zeler 4 multiplicir mit 3   12
                          kömpt qua-   im gsang
                          drup.   Disdiapa.

nenner 3 multiplicir mit 1   3

Annotatiuncula.
In additione proportionum,
Numerator vnius cum Numera-
tore alterius, & Denominator cū
Denominatore, multiplicentur.

Vom Subtrahirn jnn
proportion.

WJltu subtrahirn rechte mas   Proportio
     Proportz von proportz / so merck das   nis a pro-
Die kleinste zal breng auff die ban   portione /
Einer jedern Proportion /   subtractio.
Darnach thu diese art suchen
Wie mit diuidirn jnn brüchen /
                           Multiplicir

Multiplicir den nenner ſchlecht
Einer Proportz im creutze recht /
Durch der andern zeler furwar
Vnd ſo widdrumb / ſo iſt es klar.
   Als / wiltu ſubtrahirn alda
Sesqualteram $\frac{3}{2}$ von der Tripla $\frac{3}{1}$ /
Iſt im geſang Diapent
Vom fall Duodecima gnent /
Sprich / 3 mal 1. gibt 3 allein
Vnd 2 mal 3 iſt 6 gemein /   6
Kömpt Dupla draus auff dieſe weis 3
Die ich im gſang Octauam heis /
Mit den andern thu des gleichen
So wirſtu vom grund nicht weichen.

Wie Sesquialtera von
Der Dupla wird ſubtrahirt / ein
ander Exempel.

zeler 3   mul- ti-plicir   2   4
mul- ti-plicir   kömt ſes-   Diateß.
            quiterz   im gſang

nenn. 2   1   3
Sesquialt.   Dupla.   Sesquitertia.
        Appendix.

In proportionum ſubtractione, perpetuo Nu
merator proportionis unius, cum De nomina
tore alterius, in cruce multiplicentur.

Wie allerley proportio-
nes die gros sein / jnn geringer
zalen zusetzen sein / welchs zum
addirn vnd Subtrahirn in pro
portion gantz nützlich
ist zuwissen.

Begerstu jnn solchen sachen
Ein proportz kleiner zumachen /
Welchs gantz nötlich ist zumercken
Zu den jtzt beschrieben wercken /
So subtrahir die kleinste zal
Von der grösten jnn stetem fal
So offt (sag ich) sichs wil schicken
Merck mich wol jnn diesen stücken /
Mit allen beiden zaln solchs thu
Eins vmbs ander / so gehts recht zu /
So lang bis sie gleich werden beid
So hastu gwis deinen bescheid.
Alsdann teile durch sölch zal kurtz
Die beid zaln der ersten proportz /
Der quotient wirds melden frey
Welchs der Proportz kleinste zal sey.   16 Diateß.
Wir wöllns probirn mit Sesquitertz   12
Wie sichs begibt jnn solchem schertz.

                                    Von

Das vierde Capitel.

Von der Sesquitertz
ein Exempel.

$\frac{16}{12}$ Subtrahir 12 von 16 / bleibē 4 / steth also $\frac{4}{12}$ / darnach 4 von 12 / bleiben 8 / steth also $\frac{8}{8}$ / endlich 4 von 8 / bleyben 4 / stehn alle beid gleich also $\frac{4}{4}$. Nu diuidir die vorigen zwo zaln / als 16 vnd 12 / durch 4 / vnd sprich / 4 in 16 hab ich 4 mal / vnd 4 in 12 hab ich 3 mal / So kömpt eben die kleinste zal der Sesquitertz / also / $\frac{4}{3}$.

Des gleichen thu mit den andern
So wirstu im recht nachwandern.

Ein figur darinne nach
speculatiuischer art die propor=
tiones der höher vnd niddri=
ger laut etzlicher Modorum
Musicalium / fein deud=
lich jnne verfast sein.

I Comma

1	Comma	524288	zu 531441.
2	Semito. minus	243	zu 256.
3	Semito. maius	2048	zu 2187.
4	Conus	8	zu 9.
5	Semiditonus	27	zu 32.
6	Ditonus	64	zu 81.
7	Diatess.	3	zu 4.
8	Critonus	512	zu 729.
9	Semidiapent.	729	zu 1024.
10	Diapente	2	zu 3.
11	Se. to. diapent.	81	zu 128.
12	To. diapent.	16	zu 27.
13	Se. dit. diapent.	9	zu 16.
14	Dit. diapent.	128	zu 243.
15	Diapason	1	zu 2.
16	Se. to. diapa.	243	zu 5012.
17	Conus diapa.	4	zu 9.
18	Se. dit. diapas.	27	zu 64.
19	Dito diapa.	32	zu 81.
20	Diatess. diapa.	3	zu 8.
21	Crito. diapa.	256	zu 2048.
22	Semidiapent. diapa	729	zu 729.
23	Diapent. diapa	2	zu 6.
24	Se. to. diapent. diapa.	81	zu 256.
25	Conus diapent. diapa.	8	zu 27.
26	Se. dit. diapēt. diapa.	9	zu 32.
27	Dito. diapēt. diapa.	64	zu 243.
28	Disdiapason	1	zu 4.
29	Se. to. disdiapa.	243	zu 1024.
30	To. disdiapa.	8	zu 36.

Theoricae 44. Musicalium intercapedinum proportiones.

1. diapas.

2. diapa.

K   31 Se. di.

Das vierde Capitel.

31	Se. dit. disdiapaſ.	27 ʒu 128.
32	Dito. disdiapaſ.	64 ʒu 324.
33	Diateſſ. disdiapa.	3 ʒu 16.
34	Trito. disdiapaſ.	512 ʒu 2916.
35	Diapent. disdiapas.	2 ʒu 12.
36	Se. to. diapēt. disdiapa.	81 ʒu 512.
37	To. diapen. disdiapa.	16 ʒu 108.
38	Se. dit. diapen. disdiapa.	9 ʒu 64.
39	Dit. diapen. disdiapa.	128 ʒu 972.

3. diapa.

40	Critediapason	1 ʒu 8.
41	Tonus tritediapa.	72 ʒu 1.
42	Diateſ. tritediapa.	32 ʒu 3.
43	Diapent. tritediapa.	12 ʒu 1.
44	Tetradiapason	16 ʒu 1.

4. diapa.

Reliquorum modorum proportiones, ex debita praefata additione, haud difficulter inueſtigentur.

Eine

Eine künstliche speculation / wie die Orgelpfeif

fen durch die Proportiones Theoricas / der interuallorum Musicalium / für der zuhauff löttung jhrer blech / recht gründlich vnd künstlich gestimmet werden / allen Orgelmachern vnd andern visirlichen / spitzigen vnd speculirlichen köpfen nützlich zuwissen.

DJEweil ich alhie von den Pythagorischen hemmern vnd jhren Proportionibus vnd Musicalischen Sonis etwas verzalt / daraus viel ander nützliche künste entspringen / als nemlich ' wie man Orgel pfeiffen / vnd sunst allerley andere Pfeiffen / des gleichen Zimbeln / etc. recht stimmet. Derhalben / auff das ich den knaben vnd andern die lust zu solchen künstlichen stücken hetten / weiter zu speculirn vrsache geben möchte / so wil ich itzund die zwey stück allein / als vom stimmen der

K ij   Orgel

Das vierde Capitel.

Orgel pfeiffen vnd Glöcklein für mich ne
men / vnd auffs kürtzste / so viel sichs hie
leiden wil / daruon handeln / vnd darnach
mein büchlein beschliessen.

Vom stimmen der Or-
gel Pfeiffen.

ERstlich wilt du solch
stimmen recht brauchen / so must
du Regulam de tri / auch / wie
oben angezeigt / die Proportiones der Modorum wol wissen. Als nemlich / hast du ein blech zu einer Orgel pfei
ffen / welchs 12 spannen lang / vnd 2 span
nen breit ist / vnd wilt wissen die lenge
vnd breite des blechs einer andern pfeiffen ein Diapent / welcher Proportz Ses-
quialtera ist / also $\frac{3}{2}$ / drüber gestimmet /
so setze die öberste zal der Proportz als 3
jnn der Regel forn an / die vnderste / als
2 mitten / vnd die zal der spannen des erst
en blechs / als 12 / hinden / als erstlich von
der lenge also /

Regula

Regula de tri / von der lenge.

3   2   12.

Darnach multiplicir vnd diuidir / sprechend / 2 mal 12 ist 24 / Nu / 3 in 24 hab ich 8 mal / so hastu die lenge der andern pfeiffen die quinta drüber gestimmet / nemlich 8 spannen. Darnach nim für dich die breyte als 2. spannen / vnd setze es jnn die Regel de tri / also /

Latitudo.
Et sic de reliquis.

Regula de tri / von der weite.

3   2   2.

spannen.   spannen.

Vnd sprich 2 mal 2 ist 4 / vnd 3 in 4 hab hab ich 1 mal / vnd bleibt 1 vberig / nemlich jnn der fractur ein dritte teil gnant so hastu die breite / wie volget.

Ein Exempel.

Das { erste / ander } blech ist lang { 12 / 8 } spannē vnd weit { 2 / 2⅓ } spannen

Also thu mit allen andern Pfeiffen / wie in dieser figur / darinne ein Diapas. abgestimmet vnd begriffen / klerlich eröffnet wird.

K iij   Volget

Das vierde Capitel

Volget die figur / vom
abmeſſen der blech zu den Or=
gel pfeiffen / welche ein Dia·
paſon begreifft / als vom
г· bis zum G.

Annotatiuncula.

In additione aliarum sursum claui-
um, octaua infra poſita medietur,
& factum est, hoc modo.

Paradigma.

$$\text{longitudo} \begin{cases} \text{c.} & 6. \\ \text{C.} & 12. \end{cases} \text{latitudo} \begin{cases} 1\tfrac{1}{2}. \\ 3. \end{cases}$$

Simili modo de caeteris.

✻ ♣

* ♣

Paradigma.

12 G. Diapason ist lang 8 spannen / weit 2 spannen.
11 O. Ditonus Diapente ist lang $8\frac{1}{2}\frac{0}{1}\frac{8}{3}$ span / weit $2\frac{2}{2}\frac{6}{4}\frac{}{3}$ spannen.
10 F. Semidit Diapente ist lang 9 spannen / weit $2\frac{1}{4}$ spannen.
9 E. Tonusdiapente ist lang $9\frac{1}{2}\frac{2}{7}$ spannen / weit $2\frac{5}{8}$ spannen.
8 Dis Semito. diapente ist lang / $10\frac{1}{8}\frac{6}{1}$ spannen / weit 2 spannen / vnd 1 halb $\frac{8}{81}$ span.
7 D. Diapente ist lang 10 span / vnd 1 halb $\frac{1}{3}$ span / weit 2 span / vnd 1 halb $\frac{1}{3}$ spann.
6 C. Diatessaron ist lang 12 spannen / weit 3 spannen.
5 ♮. Ditonus ist lang 12 spannen / vnd 1 halb $\frac{2}{8}\frac{3}{1}$ span / weit $3\frac{1}{8}\frac{8}{1}$ spannen.
4 B. Semiditonus ist lang $13\frac{1}{2}$ spannen / weit $3\frac{3}{8}$ spannen.
3 A. Tonus ist lang $14\frac{3}{8}$ spannen / weit $3\frac{5}{8}$ spannen.
2 Gis. Semitonus ist lang $15\frac{3}{16}$ spannen / weit 3 spannen / vnd 1 halb $\frac{8}{32}$ spannen.
1 $\overline{\Gamma}$. die größte Pfeiffe ist lang 16 spannen / weit 4 spannen.

Appendix.

Was weiter von sölcher verborgen
kunst zusagen sey / als von giessen vnd
zuhaufflöttung der blech / auch von der
breitte vnd weite des labials / etc. wil ich
andern künstnern / vnd handwerckern solcher kunst befohlen haben / welche wiewol sie solchs dem negsten nach Christlicher art mit zuteylen schuldig sein / gmein
lich hinder dem berge (wie man sagt) stil
le halten / vnd dieweil sie die kunst mit jhn
jns grab nemen / jhn allein / vnd nicht dem
negsten darmit dienen / Wolan / ein jeder
mag also handeln das ers für Gott weis
zu verantworten / wenn er zu ihm sagen wird /

Redde rationem villicationis tuae, vel
talenti tui, & c.

Von der Orgel auff ein ander
zeit mehr.

K iiij   Volget

Volget weiter ein ander schöne speculation / vnd recht muster / wie Glöcklein odder Zimbeln / auch ander klingende metall nach Pythagorischer vnd speculatiuischer art gestimmet / vnd durchs gewichte zugericht werden.

Annotatiuncula.

Quemadmodum Circinus menfurandi artis magister est, ita De tri Regula, numerandi magistra nuncupari poterit.

Wiltu solcher stimmung recht nach gehn / so halt dich mit den zaln der gewichte / vnd proportion / in die Regel de tri zusetzen / wie oben von den Orgel pfeiffen gesagt / Daruon sich an diese vnten gesatze figur.

Eine

Eine figur darinne drey
Octauen der Zimbeln ab-
gestimmet / verfaf-
set sein.

Zimbeln.

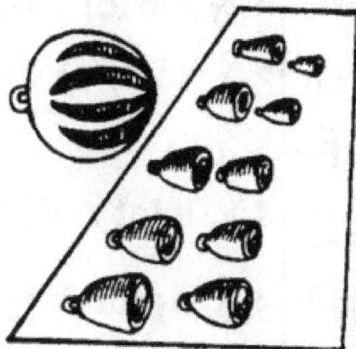

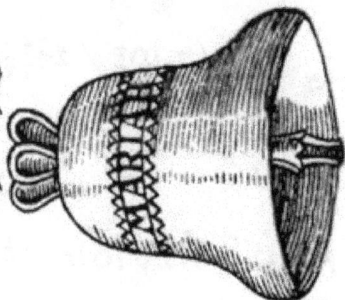

Glocken.

Volget nach die figur. L.

1. oct.

C 5 ℔ /10 lot /$2\frac{2}{3}$ quent.

♮ 5 ℔ / 19 lot /$3\frac{137}{729}$ quent.

b 6 ℔.

a 6 ℔ / 10 lot / $1\frac{6}{81}$ quent.

G 7 ℔ /3 lot /$2\frac{2}{3}$ quent.

F 8 ℔.

E 8 ℔ /13 lot / $2\frac{196}{243}$ quent.

D 9 ℔ / 15 lot / $1\frac{12}{27}$ quent.

c 10 ℔ /21 lot /$1\frac{1}{3}$ quent.

H 11 ℔ /7 lot / $2\frac{242}{729}$ quent.

B 12 ℔.

A 12 ℔ /20 lot/ $2\frac{14}{81}$ quent.

F 14 ℔ /$7\frac{1}{9}$ lot.

2F 16 ℔ / das gewicht der grösten glocten.

275

ff 2 ℔.   3. oct,

ee 2 ℔/3 lot/1 $\frac{129}{243}$ quent.

dd 2 ℔/11 lot/3 $\frac{11}{52}$ quent.

cc 2 ℔/21 lot/1 $\frac{1}{3}$ quent.

♮♮ 2 ℔/25 lot/3 $\frac{433}{729}$ quent.

bb 3 ℔.

aa 3 ℔/5 $\frac{11}{81}$ lot.

g 3 ℔/17 lot/3 $\frac{1}{3}$ quent.

f 4 ℔.   2. oct

e 4 ℔/6 lot/ 3 $\frac{96}{243}$ quent.

d 4 ℔/23 lot/2 $\frac{22}{25}$ quent

Das fünffte Capitel.

Volget die Cabulathur auff die Harffen applicirt.

Wiltu wissen der Harffen art
Des Psalters auch zu dieser fart
Wie jhr Cabelthur sey gestalt
Auff die Instrument alhie gmalt
Recht wie es lert die Musica
Das Hackbret findstu auch alda /
So sich diese figurn an
Da wirstus klerlich finden stan.
Vnd wiewol dar von noch viel mehr
Wenn sichs schickte / zusagen wer /
So wil ich doch vmb der kürtz will
Auff dis mal daruon schweigen still /
Vnd sparn bis auff ein ander zeit
Bis ich hab mehr gelegenheit.

Die

Die Harffe.

Die Cabulathur auffs Pfalterium
applicirt.

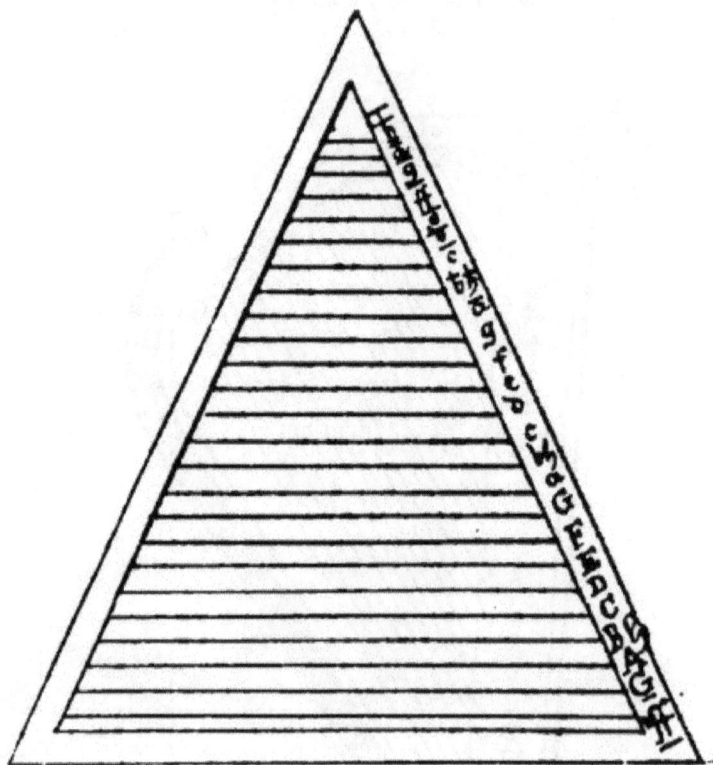

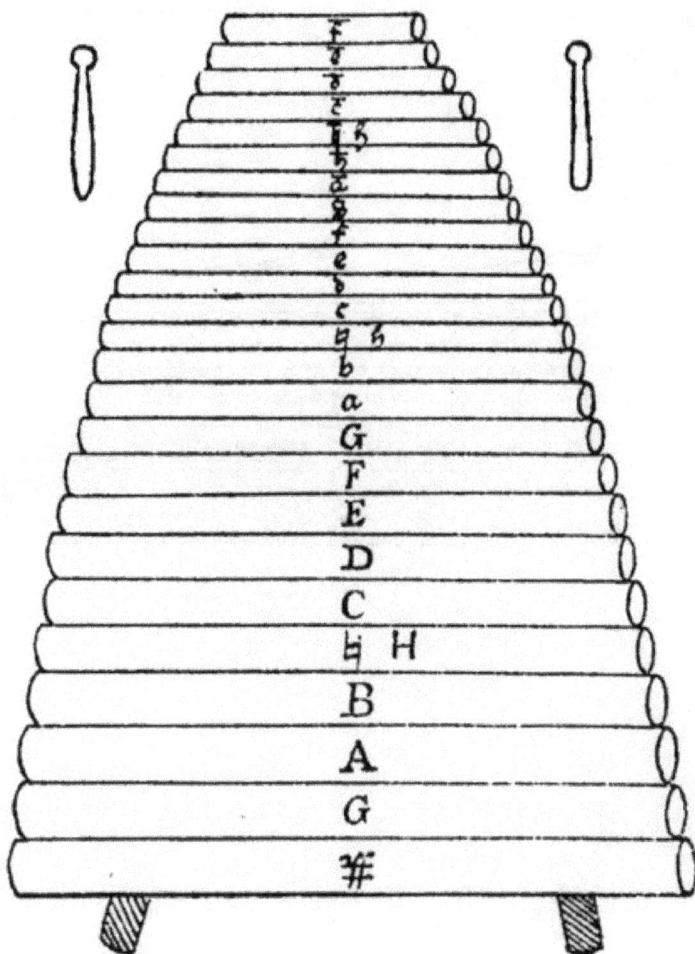

Die Scala odder Tabulathur / auff
die Strofiedel geapplicirt.

279

Das Hackebret.

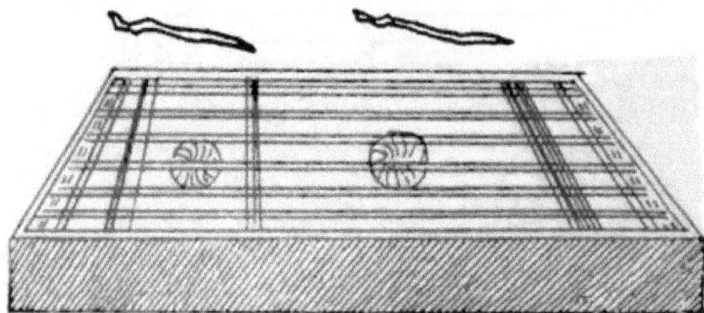

Beſchluß.

Lſo wil ich mein büchlein auff dismal beſchloſſen / vnd darneben nicht allein euch Schulkinder meine Discipulos / ſondern einen jtzligen dieſes büchleins leſer gebeten haben / wolt es jhm (dieweil ichs gut meine) gefallen laſſen / vnd nicht das leſter Maul ſo weit / das man jhm / mit vrlaub / einen küw fladen hinein werffen möchte / ober mich auff ſperren / ſondern gedencken / ob es villeicht nicht alles auffs künſtlichſt erörtert vnd zugericht / befunden würd / das ich (welchs wol ehrmals von mir gehört) alle meine tage jnn ſolcher kunſt / weder in Practica / als Plana / Figurali / Jnſtrumentali / odder Theorica / keinen actiuum Praeceptorem von menſchen gehabt / ſondern das jenige / was ich darinne verſtehe / erſtlich von Gott / welcher ſeine gaben mitteilt wem er wil / vnd darnach durch trefflichen groſſen vleis vnd ſtudirn / jdoch bey mir allein mit der Gotts hülffe vberkomen hab / drumb möcht ich wol ein ſelbwachſen Muſicus gnant werden / vnd wer kein wunder das ich vnder weiln den trefflichen künſtnern

Concluſio opuſculi.

Excuſatio.

Muſicum difficile / absque preceptore / eſt ſtudium.

L v   nicht

Beschlus.

nicht gleich handelte. Aber das sag ich
warlich / das mich die vberschwenckliche
lust vnd liebe / die ich zu dieser edlen Fraw
Musica gehabt / zu solchem sönderlichen /
einsamen vnd heimlichen studirn bewo-
gen / vnd gleichsam mit einer gerten darzu gezwungen hat / sunst (wie ein itzlicher
verstendiger bekennen wird) wer mirs
vnmüglich gewesen. Derhalben / ob mirs
jrgend an trefflicher kunst alhie gefeilet /
so gedencke / das ichs alles bisher mit
meinem schreiben / wiewol nicht allzeit
auffs künstlichst / jdoch gut gemeint / vnd
noch trewlich meine / nemlich auff das ich
erstlich Gott / vnd darnach meinem negsten darmit dienen möchte / gefelt dirs
aber nicht / vnd du kansts odder wilts ni
cht besser machen / so gedenck vnd stopffe
den schendlichen lester rachen / mit einem
kuchen von mancherley kreutern vnd blu
men zugericht / odder wird dir vbel an-
stehn vnd gelingen. Wolan meine lieben
vnd wolmeinenden Discipuli / vnd alle an
dere / ich bitt / helfft mich / so viel euch müg
lich / beschützen. Vnd dieweil ich euch / vnd
ewrn vorfahrn alhie zu Magdeburg /
fast bey fünff odder sechs vnd zwentzig
jarn / jnn Schulen vleissig bisher gedie-
net / vnd mich mit betteley stets beholffen
hab / Auff das ich euch dester füglicher
weiter jnn solcher kunst der Music dienen

f. m.

Nulla dies
sine linea.
De his ali-
bi copiosus

Petitio.

282

Beschlus.

nen möcht / jhr wöllet bey ewren Eltern /
vnd andern die es zuthun haben / anhal-
ten / das mir mein Stipendium etzlicher
massen gebessert möcht werden / Denn es
steht ja geschrieben / Ein tagelöner ist sei-
nes lohns werd / Jtem / Wer dem Altar
dienet / der sol auch daruon leben / Weiter / Dem dreschenden Ochsen sol man das
maul nicht verstopffen / etc. Wolan ich
hoffe / wo ichs verdient hab / odder noch
verdienen kan / jhr vnd die andern / werdet euch der gebür noch wol wissen zu-
halten. Vnd nemet itzund dis geringe gö-
blein zum newen jar also für gut. Wil nu
jemands vnter euch ein zeddel oder zwen /
für die arbeit vnd vnkost / die ich dran
gewant / für mich jnn glücks topff legen /
jdoch also / wenn das glücke etwas brechte / das ichs auch vberkomen möchte / odder sunst mit etwas zusteure komen / dz
kan ich wol leiden / auch wil ichs fürder
gerne widderumb verdienen / Vnd Gott
füdder euch vnd mich / in vnserm studirn
vnd allen Göttlichen wercken / vnd geb
vns allen noch diesem vergenglichen vnd
betrübten / das ewige vnd freudenreiche
leben / nemlich an dem ort / da von den En
geln die edel fraw Musica gebraucht / vnd
on auffhörn gesungen wird / Sanctus /
Sanctus / Sanctus Dominus Deus zeba
oth / etc / Amen.   M. A.
                     E. W.

Luc. 10
1. Timot. 56.

1. Cor. 9.

283

Zum leser vnd Discipel.

Also haſtu lieber leſer mein
Die kunſt auff Inſtrumenta fein
Nemlich wie du jhm ſolt nachgan
Vnd drauff zulernen fangen an /
Wenn du die kunſt verſtehſt nu
So ghört noch etwas mehr darzu
Als gutte Inſtrumentiſch ſtuck
Die man ſelden findet im druck.

Derhalben (wie geſagt zu vörn)
Wo ich werd gelegenheit ſpörn
Vnd ſo mans wird begehrn von mir
Wil ich gſenge zu nuße dir
Welche ſich füglich drauff ſchicken
Mit der zeit auch laſſen drucken
Darinn du wirſt finden viel guts
Das du kanſt brauchen dir zu nuß.

Drumb bitte Gott vleiſſig vmb gnad
Der Himmel vnd Erd gſchaffen hat
Wolt mir gſund friſten mein leben
Denn ich hab dir noch viel zgeben /
Dis hab ich nicht wölln verſchweigen
Sondern dir am end anzeigen
Mit ſo viel tauſent guter nacht
So manch roter Mund im jar lacht.

AMEN.

Gedruckt zu Wittem=
berg durch Geor=
gen Rhaw /

Anno M. D. XLv.

Bemerkung des Herausgebers.

Die Wiederherstellung eines vollständigen
Exemplares stiefs auf mannigfache Schwierig-
keiten, da keins der Exemplare komplet, die
Tafeln falsch eingeklebt und die Signa ungenau
waren. Erst durch den Vergleich von drei
Exemplaren gelang es alle Defekte zu ergänzen.
Während des Neudruckes gelangte aber noch
ein viertes Exemplar in meine Hand, aus dem
sich ergab, dass während des Originaldruckes
noch Verbesserungen vorgenommen sind. Die
hauptsächlichste betrifft die beiden Tafeln S. 18
und 19 (oder Bl. ix verso und x recto). Hier muss die
Tafel auf S. 18 nach 19 und Tafel 19 auf S. 18
kommen, während die Umschriften und die
beiden Flöten stehen bleiben. Die linke Tafel
zeigt also die Diskantlage und die rechte die
Tenor- und Altlage an, während sie jetzt gerade
umgekehrt stehen, denn die tiefen Schlüssel
stehen unter dem Diskant und die hohen unter

dem Tenor und Alt. Andere kleine Verbesserungen betreffen nur einzelne beim Druck verloren gegangene Buchstaben, die ich sämtlich noch aufnehmen konnte.

Im neuen Buchdruck mussten die erhöhten Töne, die im Originaldruck durch Buchstaben mit einer Schlinge dargestellt sind in fis, gis, cis, dis aufgelöst werden.

Templin im Jahre 1895.

Rob. Eitner.

Subscribenten-Liste

für das Jahr 1896.

Se. Majestät der Kaiser von Deutschland und König von Preufsen, Wilhelm II. (5)

Ihre Majestät die Kaiserin und Königin Friedrich von Deutschland.

Se. Königl. Hoheit der Grofsherzog von Mecklenburg-Schwerin.

Se. Hoheit der Herzog von Sachsen-Coburg-Gotha.

Se. Königl. Hoheit der Prinz Georg von Preufsen.

Se. Königl. Hoheit der Prinz - Regent Albrecht von Preufsen.

Se. Königl. Hoheit der Prinz Georg von Sachsen. (2)

Se. Durchl. der Herzog von Ratibor, Fürst von Corvey.

Das Königl. Preufs. Ministerium der geistlichen-, Unterrichts- und Medizinal-Angelegenheiten zu Berlin. (25)

Die Bibliothek des Ev. Luth. Seminary in Addison, Dupage Co., Ill. (Nord-Amerika).

Die herzogliche Seminar-Bibliothek in Altenburg.

Der nord-niederländische Verein zur Beförderung der Tonkunst in Amsterdam.

Die Musikschule in Basel.

Der Gesangverein in Basel.

Das Liceo musicale zu Bologna.

Die Grofsherzogliche Hofbibliothek in Darmstadt.

Die Königl. Musikalien-Sammlung in Dresden. (3)

Der Tonkünstler-Verein in Dresden. (2)

Die grofse Königl. Bibliothek in Kopenhagen.

Die Königl. Hof- und Staatsbibliothek in München.

Das Liceo musicale Rossini in Pesaro.

Die Kaiserl. Universitäts- und Landesbibliothek in Strafs-
burg i. E.
Die Königl. öffentliche Bibliothek in Stuttgart.
Das Königl. Konservatorium für Musik in Stuttgart.
Die Königl. Universitätsbibliothek in Tübingen.
Die fürstl. Stolberg-Wernigeroder Bibliothek in Wer-
nigerode a. H.
Die K. K. Hofbibliothek in Wien.
Die Gesellschaft der Musikfreunde des österreichischen
Staates in Wien.
Das Paulus-Museum zu Worms (Herr Prof. Dr. Wecker-
ling).
Die Königl. Seminar-Bibliothek in Zschopau (Sachsen).
Der Kirchenchor an St. Marien in Zwickau.
Herr Jos. Aibl, Musikalienhandlung in München.
Herr A. Asher & Comp. in Berlin.
Herr Ad. Auberlen, Pfarrer in Hassfelden (Württem-
berg).
Herr Ch. Bachmann, Buchhandlung in Hannover.
Lionel Benson, Esq., in London.
Herr John Bishop in Cheltenham.
Herr Wilh. Bitter, Rentier in Köln.
Herr H. Böckeler, Domdirigent in Aachen.
William H. Cummings, Esq., in London (Sydcote, West-
Dulrich).
Herr Prof. Ludwig Fökövy in Szegedin.
Herr Ed. Friese, Musikdirektor in Offenbach a. M.
Herr S. A. E. Hagen in Kopenhagen.
Herr Dr. Haym in Elberfeld.
Herr Dr. O. Hostinsky in Prag.
Herr Prof. Josef Joachim, Kapellmeister und Direktor der
Kgl. Hochschule für Musik in Berlin.
Herr Wilh. Jüncke, Kaufmann in Danzig.
Herr W. Kaerner, Buchhändler in Freiburg i. Br.
Herr Prof. Oswald Koller in Wien.
Herr Baron Alex. Kraus in Florenz.
Herr Prof. Emil Krause in Hamburg.
Herr Prof. Dr. Franz Kullack zu Berlin.
Herr Leo Liepmannssohn, Berlin.
Mr. G. S. L. Löhr in Southsea, Hauts (England).
Mons. H. de Loudier in Paris.

Herr Georg Maske in Oppeln.
Rev. J. R. Milne in Swaffham (Norfolk).
Herren Modes & Mendel in Rom.
Herr Nachtmann, Musikdirektor in Bielefeld.
Herr Dr. W. Nagel in Cleve.
Mr. Fr. Niecks in Edinburg (Schottland).
Herr David Nutt, Antiquariat in London.
Herr Julius Richter in Greenfield, Mass.
Herr L. Riemann, Gesanglehrer in Essen.
Herr Joh. Rodenkirchen, Domorganist in Köln.
Herren Rozsavölggi & Co. in Budapest.
Herr Prof. Dr. Wilh. Schell, Hofrat in Karlsruhe (Baden).
Se. Excellenz Dr. Rud. Schurig, Minister in Dresden.
Herr Prof. Dr. H. Sommer in Weimar.
Wlm. Barclay Squire, Esq. in London.
Herr B. J. Stevens, Buchhandlung in London.
Herr Prof. Jul. Stockhausen in Frankfurt a. M.
Herr Karl J. Trübner, Buchhandlung in Strafsburg i. E.
Herr Leop. Unterkreuter, Stadt - Pfarrer in Klagenfurt
      (Kärnten).
Herr Joaquim de Vasconcellos in Porto (Portugal).
Herr G. Voigt, Lehrer in Halle.
Herr Geh. Rat Dr. R. Wagener in Marburg (Hessen).
Herren Ed. Wende & Co. in Warschau.
Herr A. Woworsky in Berlin.
Herr Dr. F. Wüllner, Kapellmeister in Köln.

Rob. Eitner,
Sekretär und Kassierer der Gesellschaft in Templin (U.-M.).

Namen- und Sachregister

angefertigt von

R o b. E i t n e r.

(Die fortlaufenden Seitenzahlen befinden sich am unteren Teile jeder Seite.)

Die Tafel zu S. 74 ist die 4. nach S. 50.

Druck von Hermann Beyer & Söhne in Langensalza.

www.ingramcontent.com/pod-product-compliance
Lightning Source LLC
Chambersburg PA
CBHW020500270326
41926CB00008B/679

* 9 7 8 3 7 4 4 6 2 8 9 8 3 *